MW00571062

大 當 千

台北市當鋪業當票　甲　№ 007085

出版日期	定價		當物內開	作者
民國一〇一年一月五日	新臺幣 貳佰捌拾元整	典當不到的人生啟發	# 29張當票	秦嗣林 先生/小姐 大千當鋪

憑票取贖　謝絕看貨

本鋪每月第二、四星期日公休

◎營業時間：上午九時起 下午十一時止

地　址：台北市中山區〇〇路〇〇號
電　話：2345-6789

序

現代的人好奇怪。上一代的人一心求生，但現在的人卻一心求死。

每每看社會新聞時，總是會令我感到訝異，幾乎每天都有自殺的新聞，理由千奇百怪。就像前陣子還看到一位高中資優生跳樓的新聞。在我身邊也有類似的例子，一個好朋友的弟弟，原本在銀行有份穩定的工作，後來創業開了間錄音室，收入頗豐。可惜受到經濟不景氣的影響，業績大不如前，他一個想不開就燒炭自殺了。

他在結束性命前甚至還預錄了電話遺言，待時間一到即傳給指定的收話端：「你接到這通電話表示我已經死了，請你到我家幫忙收拾善後……」完全不給自己任何被救活的機會。之後我看到他的遺書，發現他自青少年時就有了輕生的念頭，非常驚訝。

想當年我母親帶著爺爺與兩個稚齡的哥哥從山東輾轉逃難到台灣來，一個裹小腳、不識字的女人家沿途挨餓忍飢，甚至在上海當過乞丐，途中我的一個哥哥也不幸夭折，母親自己更是好幾次瀕臨死亡，但是不論遇到多惡劣的環境，她心中仍只有求生的念頭。

爲什麼會有這樣的差異呢？我想這是因爲在成長的過程中，負面的影響若沒有激盪的機會，只能慢慢沉澱，時間一久，即成不可承擔之重。

現代人雖然物質生活豐裕了，但心裡卻承擔了許多的壓力，不斷累積卻無法宣洩，往往心灰意懶地認定「人生就是這樣」。反觀過去的戰亂時代，雖然物質生活困苦，每天皆煩惱著下一頓飯有沒有著落，精神層面反而沒有太大壓力。也許夜闌人靜時抱著被窩哭個兩聲，但天一亮，只要抹抹眼淚就能繼續打拚。

人，在遇到困難時，如果有更重要的事情想要完成，原本的困難會被燃燒於無形。這些都是我從當舖這個產業得到的啓發。從事當舖業三十多年，遇到的負面事情永遠比正面多，因此學會了從負面的事情中找到正面的突破點。生意上常會遇到來周轉現金的朋友，也總是聽到有人抱怨：「爲什麼我這麼缺錢？」，但卻不試著內省：「爲什麼我會缺錢？是不是理財有問題，或者是過於貪心的緣故？」如果可以學會這樣思考，生命就可以激盪出更多的火花。

當舖總是離不開「錢」字，但也因爲如此，更讓我深刻感受到許多人對於金錢的價值觀念帶了有著負面的觀點和幻覺。因爲沒有錢而憤世嫉俗：怪父母不給錢、怪老天不給機會、怪家世不夠顯赫等等，最終影響了自己一生的幸福。但奇妙的是，如果你沒事到公園轉一圈，會發現老年人的快樂也許只是因爲有個健康的身體或嗜好，甚至是好朋友，但卻很少會是因爲有錢而感到愉悅。就因爲這些對錢的錯誤理解，人才成了它的奴隸。

現今社會強調專業技術，紛紛強調ＳＯＰ，像是連鎖飲料店可以透過訓練讓每個店員調製出一模一樣的咖啡，但卻無法傳授如何在咖啡中加入愛心與關懷，而這些都是影響一個人對咖啡口感的關鍵。當舖也是，雖然是典當物品的行業，但這數十年下來，也讓我領悟了「人對了，物品有問題，尚能補救。人不對，東西再好也是爲人作嫁，白忙一場。」的道理。客人有好有壞，雖然物品不會騙人，但人會，因此，最重要的還是人與體驗。

或許是因爲現在社會環境使然，年輕人普遍缺少情感的訓練與人生經驗，深陷「痴、妄、宅」的困境中無法自拔，加上現代人面對問題時往往產生煽情的直覺反應，缺乏更深層的體驗。而我從三十多年的當舖人生中，看盡了光鮮亮麗與窮愁潦倒的更迭，歷經無數酸甜苦辣，從中提煉出了一些經驗，也希望幫助讀者從看似灰暗的遭遇中，尋找一絲幽微的光芒。

目錄

第二章 十一張生命體悟的當票

第三章　九張經營體悟的當票

附　錄　關於當鋪

第一章

九張人情體悟的當票

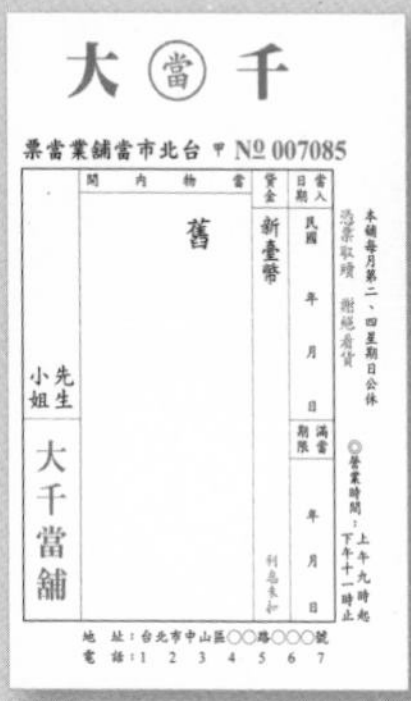

第一張當票：阿嬤的手尾錢

大 當 千

票當業舖當市北台 甲 № 007085

當物內開

舊 新臺幣貳拾萬元

貸金

新臺幣 壹拾玖萬元整

利息未扣

當入日期

民國八十二年○月○日

滿當期限

八十二年○月○日

陳○○ 先生 小姐

大千當舖

本舖每月第二、四星期日公休

憑票取贖 謝絕看貨

◎營業時間：上午九時起 下午十一時止

地　址：台北市中山區○○路○○○號

電　話：1 2 3 4 5 6 7

這天一如往常，清晨六點多我便起床到公園去遛狗運動，回到當舖才七點多。當時天剛微亮，正當我準備要開門時，手上的狗鍊突然一緊，只聽到小狗發出陣陣低吠聲，讓我頓時警覺心跟著升高。

我緊張地四處張望，發現騎樓下的柱子後竟有個畏畏縮縮的人影，直覺以爲是歹徒要來行搶，我大聲喝問：「你要幹嘛？」沒想到對方卻是怯生生地回我話說：「老闆，我是來當東西的。」

原來是趕早的客人，看他的樣子、聽他說話也不像是個惡人，於是我鬆了口氣，邊掏鑰匙邊說：「你不要躲在那邊嘛！先生貴姓？請進、請進！」

我把他迎到舖子裡，對方自稱姓陳，我問他：「陳先生想當什麼？」他老兄竟從懷裡掏出一個鐵製的傳統餅乾盒，打開鐵蓋，裡面收著一個手提包，待拉鍊一拉開裡頭竟然滿滿都是現鈔。

我以爲自己剛剛糊塗聽錯話，誤聽陳先生是來典當東西的，沒想到其實是要來贖當的，因此趕緊改口問：「陳先生，原來你要贖東西啊！麻煩你把當票一起給我。」但陳先生卻搖了頭，口氣肯定地說：「不是贖，我是來當東西的。」

我一時沒會意過來，因爲沒看到任何可以當的東西啊！難道要當餅乾盒？於是我再問他：「那你要當什麼？」他指了指餅乾盒說：「我要當這包錢。」

這可有點意思，我開當舖這麼久，客人帶著各種寶貝上門，無非是爲了換錢，但生平頭一次遇到帶著「錢」來當「錢」的客人。

我百思不得其解，只好問他：「你都有錢了，爲什麼還要當錢？」他聽了一臉尷尬地搓手說：「唉……這個……總之，這筆錢不能用啦！」這下我聽了更是滿頭霧水了：「不能用？難道這筆錢是假鈔嗎？如果是假鈔，你趕緊拿走，我絕對不能收。」他急忙解釋：「不是假的啦！我不知道要怎麼跟你講，但是這筆錢我眞的不能花掉。」我繼續追問：「如果是眞鈔爲什麼不能用？錢就是錢啊！」沒想到我這一說竟逼出了他的眼淚，他萬分爲難地說：「因爲……這是……這是我阿嬤給我的手尾錢。」

在台灣民間有個風俗習慣，老人家若意識到自己將不久於人世，便會像過年包壓歲錢一般，發給每個晚輩一筆金額不大的錢，除了留給子孫當紀念外，還有保佑後輩財源滾滾之意，是謂「手尾錢」。這與現在出殯做法事時，師公發給家屬的一塊錢兩塊錢不太一樣。

我被這筆錢的來歷嚇了一跳，示意陳先生繼續往下說，只見他眼眶泛著淚水，幽幽道出壓抑已久的往事。一聽之下，才發現原來他與在基隆名號響亮的顏氏有著血親的關係。

北台灣的雨都基隆有個望族顏氏，在當地赫赫有名。族中的一位顏老太太，年輕時嫁入豪門，生活優渥，子孫瓜瓞綿延。雖然兒孫眾多，但她獨獨寵愛身爲外孫的陳先生。只可惜陳先生從小不學無術，長大後竟沉迷賭海。

爲了賭博，陳先生將家裡可以變賣的全換成了賭本，俗話說：「久賭神仙輸。」幾年賭下來，自然落得負債累累。一開始親戚朋友還會苦口婆心地勸他，但是陳先生始終執迷不悟，因此眾叛親離也是意料中事，最後只剩顏老太太始終護著她的寶貝外孫。

不論何時，只要陳先生開口，顏老太太一定給他錢。即使手頭不方便，她總會藉口自己需要花費，設法跟其他兒孫要錢。後生晚輩自然知道顏老太太的目的，每次總會規勸她別再理會陳先生，只是阿嬤疼愛孫子的感情大過理智，顏老太太還是一次又一次地資助陳先生。

但是任何人都敵不過時間的摧殘，終於顏老太太還是走到了人生的終點。臨終前，她特地把陳先生叫到病榻前，用布滿皺紋的手撫著他的頭，苦口婆心說：「乖孫，別再賭博了，阿嬤在世的時候還能照顧你，等我走了，還有誰能護著你？你年紀也不小了，趕緊找一個正經的工作，安定一點，讓我可以放心。」顏老太太將晚輩給的錢省了下來，包了一份二十萬的手尾錢給陳先生，也就是現在放在餅乾盒裡的那筆錢。

可惜的是，當時陳先生並無法感受到外婆的教誨，加上遊手好閒已久，因此在顏老太太過世後，始終沒有改過向善。

又過了幾年，陳先生才終於戒了賭，並打算在林森北路擺攤賣小吃，重新步上正軌。可是擺攤需要本錢買輛攤車和基本食材，但由於年輕時的惡名昭彰，縱使他拍胸脯擔保自己已改過自新，但親友依然認定這只是他再一次騙賭本的演技，最後竟落得連買餐車的基本費用都借不到的窘境，最後不得已，只能上當舖周轉。

他尷尬地告訴我：「這筆錢不能存進銀行，因為存進去再領出來就不是原本的鈔票了！現在我手上沒有資金可以創業，而且沒人願意給借我，這筆手尾錢又是阿嬤對我的期待，我絕對不能花，想來想去沒辦法，所以想請你幫我保管，借我一筆做生意的本錢。」

事情的前因後果讓我聽傻了，原來這一筆錢不只是鈔票，還包含阿嬤對孫子最後的囑咐。聽完故事、看著面前的人，再看著眼前的鈔票，我深刻體會到陳先生重新做人的決心，於是也暗自決心幫他一個忙，他會找上我，或許也是冥冥之中顏老奶奶的牽引吧。

我低頭隨意檢查包裡的鈔票，發現裡頭有些早已經是現在市面上不再流通的舊鈔了，但我還是問陳先生：「這裡面有多少？」他答：「總共二十萬。」

一般當舖收取物品一定都是以低於市價好幾折的價錢支付，而這個「商品」並不同於以往，但卻也不可能原價計算，我一沉吟，最後算了十九萬給他。

一決定收下，問題就來了。一般的典當品通常都要收入庫房，但是手尾錢畢竟代表了陰陽兩隔，意義也不相同，要是入庫似乎不太妥當。左思右想後，我便決定把「它」放進冰箱，既不會蟲咬、也不容易變質。陳先生直說沒關係，只要好好保管就好。

之後，陳先生帶著創業資金先是開了間海鮮小炒，因爲用心烹調、認眞經營，很快地在地方上打出名號。只過了一個多月，他就來贖回了手尾錢。據說創業成功之後，他還跨足士林的餐飲業，爲自己的人生重新點亮希望。

俗話說：「浪子回頭金不換」，當初我看到陳先生將餅乾盒自懷中拿出來的眼神，已非昔日那個今朝有酒今朝醉的紈褲子弟了。過去的荒唐讓他失去了物質生活與親友的信任，但是始終不放棄的阿嬤，藉著離開人世前的手尾錢，換回了的陳先生的大徹大悟，以及回頭是岸的人生下半場。

根存 甲 №007085

一張當票的啓發

每個人一生當中都會受到許多人的照顧，不管是來自親人或是朋友，但卻往往都不知不覺，甚至是習以爲常，等到失去時才發現值得珍惜。而人的一生也會有許多事情能夠有重來的機會，比如金錢、事業等等，但只有情感是一旦失去就無法重新再來的，尤其是那些來不及回報的情感，這也是人生最珍貴的事物。不要讓這些來不及，變成人生的遺憾。

第二張當票：黃金打造的婚約

大㊣千

票當業舖當市北台　甲　№ 007085

王〇〇先生小姐	當物內開	貸金	入當日期
	舊金飾貳百柒拾餘件。	新臺幣參拾伍萬元整	民國七十五年〇月〇日
大千當舖		利息未扣	滿當期限：七十五年〇月〇日

本舖每月第二、四星期日公休

憑票取贖　謝絕看貨

◎營業時間：上午九時起　下午十一時止

地　址：台北市中山區〇〇路〇〇〇號

電　話：1　2　3　4　5　6　7

民國七十五年某天下午，有一位中年大姐來到店裡，她自稱姓王，一進來就除下手腕上的金鐲子，表明要典當，還說要多些時間才能贖回，希望利息可以算低一點。

我瞧了瞧手鐲，雖然樣式普通，但外觀完整，看得出來是剛買不久的首飾。我平常就喜歡跟客人多聊兩句，於是隨口問了王大姐：「這手鐲看起來是新東西，一般人買了以後都是收起來保值的，今天怎麼會想要當呢？」王大姊這才娓娓道出事情的始末，原來這筆錢不是她要用的，而是要拿來幫助她同事的。

這一開口，不但開創了我開業前十年單次典當物件數最多的交易，也道出一個打破婚姻不自主的感人故事。

王大姐平日在桃園知名加工區當工廠領班，廠內有位年輕的女工秀秀，她跟男同事墜入情網，兩個年輕人愛得不可開交，決定廝守終身。照理說，兩情相悅本是美事一樁，但是秀秀的身分卻由不得她自己作主——因爲她是個童養媳。

在過去的時代，有許多婚姻並非是自由戀愛或是媒妁之言的產物，而是單純的金錢交易行爲。當時許多父母因爲經濟拮据，養不起孩子，便將女兒送給大戶人家當養女，甚至是童養媳。對大戶人家而言，收童養媳不但讓家裡多個煮飯打雜的幫手，等到適婚年齡，還能直接和自己的兒子成親，可以省下找媳婦的工夫和一筆可觀的聘金。

因此，許多由長輩決定的婚姻，成了一輩子的剝削，談戀愛則是大逆不道的奢侈。

而奠基在金錢交易的婚姻中，夫妻地位自然失衡，因此許多女性婚後也都過著悲慘的生活。

秀秀當然也清楚自己的命運，但是她仍鼓足勇氣向養母表明自己渴望與男友成親的心願。養母聽了自然不肯答應，不僅狠狠打了秀秀一頓，還要她趁早死了這條心。但是愈被阻撓的愛情往往愈不容易放棄，於是秀秀每天苦苦哀求，養母不勝其擾，最後索性開出條件：「要結婚可以，只要那小子拿得出五十萬聘金，我保證讓妳嫁給他，不然一切免談。」

這個條件可把秀秀和她男友嚇傻了。要知道，當時女工每月平均收入不過幾千元，要兩個沒什麼社會經驗的年輕人湊出五十萬聘金，可說是比登天還難，因此秀秀終日鬱鬱寡歡。

工廠領班王大姐見秀秀每日愁眉不展，便關心詢問她是否有什麼心事？而當秀秀一把鼻涕一把眼淚地向王大姐哭訴前因後果後，熱心的王大姐雖然手頭不寬裕，但仍願意盡量幫助小兩口兒度過難關，於是她到我的店裡，就是希望能當點現金借給秀秀。

聽完王大姐的敘述，才知道原來這只不起眼的金手鐲，背後竟有這麼心酸的故事。在我看來，養母開出五十萬的天價，根本是想要賣女兒。可是一只金鐲子能幫得了多少忙？我想了想，替王大姐出了個主意：「大姐，一只金手鐲的價值有限，但是團結就是力量。不如妳跟工廠其他同事聊一聊，問問大家願不願意一起拿出金飾來當，幫幫這對年輕人？」王大姐想想也有道理，於是第二天中午，王大姐登高一呼，在員工餐廳宣佈秀秀的困境，鼓勵同事拿出金飾，先變現幫助兩個年輕人辦婚禮，再讓他們慢慢攤還。

沒想到她這麼一吆喝，每個女工都被秀秀和她男友的眞情與王大姐的熱心所感動，雖然大家沒什麼錢，但是有些人拿出以前孩子出生時親友送的金鎖片，有些人則找出自己辛辛苦苦攢下來的金戒指，還有人更是翻出壓箱底的嫁妝……到後來，工廠裡儼然發起了群眾運動，每個人都設法拿出一點値錢的東西，簡直比自己嫁女兒還著急。

隔了沒多久，王大姐再次上門，從袋子裡拿出一大落由紅繩串起的物事，猛一看我還以爲是肉粽，再定睛一瞧，竟然全是金飾！

原來是同事擔心自己的首飾和別人的搞混，所以乾脆用紅繩子把飾品穿好，繩子上還別上名牌，註明該串分屬車床組阿美、業務組淑珍等等。王大姐還特別囑咐我別把繩子拆了，免得找不到眞正的物主。

沒想到這些金飾經過清點後，居然有兩百七十幾件。我算算自己手上並沒有這麼多資本，於是找了位熟識的銀樓老闆娘，將部分的金飾轉放在她店裡，由我們兩間店共同出資。其實鑑定堆積如山的金飾並沒有花太多工夫，倒是寫當票和清單花了我不少的時間，最後總計典當了將近三十五萬。我將現金包好交給王大姐，王大姐歡天喜地地離開了當舖。

又過了四、五個月後，我和金飾店的老闆娘都收到了同一張喜帖，原來苦戀多時的秀秀和她男友終於湊足了五十萬，小兩口兒要結婚了！

我永遠記得婚禮就辦在工廠的員工餐廳，現場萬頭鑽動，場面簡直比過年還要熱鬧。工廠的總經理上台祝賀新人時，還不忘打趣說：「全工廠已將當年度的業績目標擺在一旁，取而代之的最大目標是一定要幫助秀秀完婚。」而現場的賓客多是秀秀的同事，有的新婚不久、有的早已爲人父母，但都紛紛感動得淚流滿面。

人類所有的親情，其實都是建立在姻親上，沒有姻親就沒有血緣的延續。不過在當時保守的社會下，許多情侶就像秀秀與她的先生一樣相戀，但是迫於現實的壓力和長輩的反對，只能淚眼相對，硬生生走上分手一途，各自帶著遺憾步入不幸的下半生。而這些伸出援手的同事，或許自己就是在這樣婚姻規範下的犧牲品，所以更是加倍希望秀秀不要重蹈覆轍，因此才會想盡一己之力幫助他們完成心願。

所幸這對年輕人始終堅持，終能遇上一位古道熱腸的領班王大姐，以及一班將他們視如己出的好同事，願意替他們張羅大小事，才有機會打破成規，成就這段幾乎不可能的姻緣。

根存 甲 №007085

一張當票的啓發

不論是什麼時代，都需要熱心助人的善心人士，才可以成就一個個激勵人心的故事。也許既定的生活背景不是一時三刻能改變的，但是只要願意伸出援手，設法克服種種挑戰，每個人都有可能成爲別人生命中的貴人，幫助他人的喜悅更是難以言喻。

而當別人的貴人，其實也就是當自己的貴人，因爲人總會遇到困難，要是有一天當自己需要幫助時，也才可能有人願意伸出援手。

第三張當票：日記與收音機

大 當 千

台北市當舖業當票　甲 № 007085

本舖每月第二、四星期日公休

憑票取贖　謝絕看貨

◎營業時間：上午九時起 下午十一時止

當入日期	貸金	當物內開	
民國八十二年○月○日	新臺幣　壹萬元整	舊　收音機壹台、日記本壹本。	曾○○　先生 小姐
滿當期限			
八十二年○月○日	利息未扣		大千當舖

地　址：台北市中山區○○路○○○號

電　話：1 2 3 4 5 6 7

光顧當舖的人來自五湖四海，其中自然不乏吸食毒品的癮君子。吸毒的人看多了，連他們吸什麼毒，我都可以猜得八九不離十。這些人多半臉頰削瘦、眼神空洞，其中若是施打海洛因的人，不論寒暑，總會穿著長袖衣物，或是全身刺青，爲得是遮掩密密麻麻的針孔，只是不管任何方式都掩蓋不了那如活死人般惶恐絕望的神情。

其實誰都清楚毒品碰不得，但爲何還是有人深陷其中？依照我的經驗，吸毒和抽菸一樣，一開始常常是來自同儕間的認同感和偶像崇拜心理。

在成長的過程中，身邊總會出現幾個漠視規範的對象，例如抽菸的學長姐，或是敢打架的同學。這些特立獨行的意見領袖成了衝撞規則的代表，很容易會吸引追隨者爭相模仿。就好比湊在一起的同學朋友中，只要有人帶頭抽菸，一定就會有人跟進。而有一就有二，過不了多久，所有人均會吸上兩口，抽菸的習慣便如此養成。

在我讀高中時，成天跟一群同是外省第二代的朋友混在一起，對我們而言，抽菸早已是稀鬆平常的事，沒什麼刺激感。直到有一天，有位朋友帶頭示範吸食強力膠，看起來比抽菸厲害多了。當時大家仗著年輕，沒人在乎上癮的慘痛後果，朋友一個個加入吸膠的行列，我看大家跟著吸，出於好奇也試了一次。

我們一群人在縣議會的草坪上吸食，不一會兒工夫，彷彿就進入茫茫然的仙境。但是等我清醒之後，我發現自己竟身處縣議會大樓的屋頂上。至於過程發生什麼事，我一點印象也沒有。我轉身看四周，發現其他同伴有的倒在樹下，有的則趴在公車站牌旁邊。這副景象讓我的冷汗直冒，深深慶幸自己是安全地抵達縣議會樓頂，因為要是在恍惚之間，腳底一滑摔下樓，這條小命可就不明不白地報銷了。

從此之後，我便再也不碰任何毒品。根據我的觀察，強力膠吸多了，下個進階便是安非他命，吸了以後，即使三天三夜不吃不睡，照樣精神飽滿。再進一步就是古柯鹼，打了之後跟神仙一樣快活，可是後果卻比墮入地獄還駭人。

這篇故事的主人翁小曾算是我的鄰居，曾爸爸是經營汽車保養廠的商人，生意十分穩定。從小時候小曾便是一個標準的乖孩子，可惜升上國中後，曾爸爸的生意愈做愈大，從汽車保養跨足汽車零件、美容等領域，工作一忙，自然沒有心力管教孩子，一個不留意，小曾已經和一些中輟生愈走愈近，行為舉止漸形乖張。

有一回，小曾偷抽菸被曾爸爸當場活逮，曾爸爸氣得一頓好揍，我連忙勸他：「別再打了，你怎麼打孩子像打仇人一樣，這樣父子感情會出問題的。」果不其然，不久之後，小曾便開始逃家，生活惡習有增無減。待國中畢業後，小曾無心升學，乾脆留在家中的保養廠學修車，倒也平安無事。

一直到有一天，曾爸爸突然來電：「秦先生，我家裡有一件我沒看過的怪東西，你見多識廣，能不能幫忙瞧瞧？」我到了曾家，沒想到曾爸爸竟拿出一支安非他命吸食器！曾爸爸聽了還愣頭愣腦地問：「安非他命吸食器？那是幹什麼的？」

「安非他命是毒品啊！你在哪裡找到的？」

曾爸爸臉色發白，表示是從小曾房裡搜出來的。我趕緊建議曾爸爸：「吸食安非他命的人不會只有自己吸，一定是好幾個人一起墮落，你不妨整間工廠抄抄看。」

結果不抄還好，這一抄，小曾和好幾個工人都坦承吸安，曾爸爸氣得對小曾又打又罵，這回我正色地跟小曾說：「小曾，吸安不是鬧著玩的，如果上癮了很難戒掉，你千萬不可以再吸毒。」他老兄睨了我一眼，依舊吊兒郎當。

對小曾勸說未果，於是我轉身向曾爸爸說：「曾先生，你一定要陪你兒子戒毒，不然這孩子的未來很危險。」可是他卻淡淡地說：「放心啦！哪有那麼嚴重？不就跟抽菸差不多，只要我狠狠地揍他，他就不敢吸了啦。」見曾爸爸這麼樂觀，我也沒多說什麼，只能暗自祈禱事情好轉。

兩年以後，某天曾爸爸急忙跑進店裡：「秦老闆，我兒子吸毒被抓進中山分局，你認識的警察很多，能不能幫我去說說情？」我套上外套，跟他一起趕到分局，三組裡塞了十幾個青少年，我卻怎麼都找不到小曾，直到曾爸爸把一個奇裝異服的孩子拖到我面前，我才勉強認出他。

從外型和氣質觀之，小曾早已走上偏門，小時候乖巧害羞的氣質蕩然無存。我趕緊找到了認識的組長，詢問他可否網開一面？組長雙手一攤說：「人都已經抓到了，怎麼可能放他們一馬？頂多在筆錄上註明他頗有悔意，也許有機會讓檢察官從輕發落，其他只能看他的造化了。」

總算是小曾命不該絕，當天順利交保。當天晚上我就到曾家去，懇切地跟小曾聊了許久，只是他的眼神始終游移不定，有一搭沒一搭地回應我的問題。在我苦勸他一定要戒毒時，他才終於抬頭看了我一眼，一字一字緩緩地說：「秦叔叔，很難戒。」我說：「我知道，但是有決心還是能戒掉。你要不要換個環境，跟狐群狗黨斷絕關係，試著再回學校讀書？」他語氣不肯定地說：「好吧，我可以試試看。」

而後我甚少再聽到小曾的消息，只知道他滿二十歲即收到兵單，退伍後依舊在汽車保養廠工作。但是再次見到他時，居然同樣是在警察局，而且這回是因爲吸食海洛因被捕。

我心裡暗叫不妙，畢竟海洛因的癮頭更大，要戒除難如登天。曾爸爸終於了解毒品已深入兒子的生活，在警局裡泣不成聲。離開警局後，曾爸爸把兒子帶來我店裡，「撲通」一下跪在小曾的面前，老淚縱橫地跟兒子道歉：「爸爸以前沒有好好照顧你，是我不對。這次我會全力幫助你戒毒，拜託你一定要戒掉，不然你一輩子都報銷了。」小曾看到過去硬漢般的父親流下眼淚，當場紅了眼眶，指天發誓一定要戒毒。

我相信小曾戒毒的決心，只是海洛因不是嘴巴說說就能戒的，尤其吸毒者的生活已經扭曲，四周朋友幾乎全是毒蟲，不論什麼毒品均可輕易取得。即使沒錢買毒品，一旦毒癮犯了，吸毒者什麼錢都敢借。有一回，小曾還跑到我店裡嚷著：「秦叔叔，我爸爸剛剛發生車禍，現在人在醫院等開刀，拜託你借我兩萬元的救急，讓我救救我爸爸。」我一聽覺得不對勁，明明他爸爸剛才從我門口經過，怎麼不到半小時就進醫院了呢？我說：「別忙，我打個電話問問。」小曾見謊言被揭穿，一溜煙跑掉了。

想當然，他不只找我借錢，曾家裡的每個成員，不論親疏遠近，都被借過好幾次，甚至還對其中一位阿姨伸手了三次。前兩次小曾還會設法編理由呼攏阿姨，但到了第三次，小曾卻直接挑明了說：「阿姨，我現在毒癮犯了，要是再不打一針，我馬上會死。難道妳願意看我死在妳面前嗎？」雖然阿姨知道吸毒是條不歸路，但是不忍心看外甥受到毒癮煎熬，還是含淚拿著錢給外甥，讓他愈陷愈深。

又過了一陣子，某天晚上市刑大的七、八個刑警在我店裡蹲點，突然局裡來通密報，表示錦州公園即將發生毒品交易。刑警借了我店裡的廂型車，準備出發埋伏。我從沒見過搜捕的場面，早想藉機觀戰，於是自告奮勇充當駕駛。

車子緩緩開到公園旁邊的暗巷，我們一行人擠在車裡邊抽菸邊等，為了藏匿行蹤，車窗連一點縫隙都沒開，車廂裡既悶且熱，還充滿散不掉的菸味。兩個小時後，終於發現公園的角落有動靜，刑警扯開車門一口氣衝出，立刻活逮了五、六個正要交易毒品的年輕人。當帶隊官問明犯人姓名身分時，我在其中竟聽到小曾的名字，定眼認眞一看，完全已經不是我認識的模樣了。

我問帶隊官：「這個孩子是我朋友的兒子，可不可以放了他？」帶隊官搖搖頭說：「這是現行犯，沒辦法網開一面啦！而且要是今天不抓他，他一定會再犯。」說完，一干人犯便被押回市刑大了。

聽聞消息的曾爸爸趕到了市刑大辦公室時，立刻嚎啕大哭，絕望地嚷著孩子一輩子完蛋了。我見他傷心欲絕，試著安慰他：「這孩子年輕，還有希望。」曾爸爸抓著我說：「秦老闆，你不知道我有多痛苦，這孩子不管毒癮犯了沒，隨時會抓狂打人，連家裡的神桌也被砸得亂七八糟。附近的警察都知道他吸毒，爲了拚績效，他們一天到晚來家裡抄毒品，家人完全不得安寧，甚至連錢都不能擺在家裡，因爲只要被他找到，統統會偷去買毒品。」曾爸爸又說：「有一次他毒癮犯了，他媽媽堅持不給錢，沒想到他居然抄起菜刀砍自己的手，邊砍邊說：『拜託妳給我錢！妳放心，這次我買多一點，只要打下去醒不過來，你們就不用爲我操心了。可是如果我不打，比死還痛苦，我不如把自己砍死啊！』你說我還有什麼希望？」雖然我見過不少場面，但是一時間卻不知道該如何安慰跪地痛哭的曾爸爸。

日後，小曾仍多次進出警局，家人只能以淚洗面，曾爸爸也對唯一的兒子既憂且憤，束手無策。某天，他又發現小曾躲在家裡吸毒，一時急怒攻心，居然心臟病發作。等到小曾的姐妹發現時，曾爸爸早已氣絕多時，而小曾則因毒癮發作，無法向外求救，只能縮在客廳的角落不停顫抖，眼睜睜看著父親在面前斷氣。從此以後，母親和姐妹對小曾徹底心寒，沒人把他當成一回事。

曾爸爸過世三個月之後，小曾突然來到我店裡，整個人憔悴到幾乎離鬼門關只剩一步之遙，我想他會來主動找我，一定是走投無路了。小曾沒浪費時間客套，直截了當地說：「秦叔叔，如果我留在台北，只剩死路一條，但是我聽別人說，東部有一個基督教戒毒團體，我想去試試看。可是我不是來跟你借錢的，我有些東西可以押給你。」

他邊說邊拿出了一台陳舊的卡式收音機、一本日記本，還有一支安非他命的吸食器：「秦叔叔，這是我僅剩的財產，其他的都被我姐姐丟掉了。我想跟你借一萬元旅費。如果我戒毒不成功，我會找個地方自我了斷。」

我見小曾雖然虛弱，但是眼神仍有一絲堅決，我說：「小曾，我相信你。但是東西你還是拿回去好了，尤其是吸食器，即使送給我我也不要。」小曾苦笑說：「好，吸食器我帶走，等一下我自己拿去丟掉。但是另外兩件寄放在你這裡，要是我回得來，我一定來拿。」我開了張當票給他，心中卻不抱任何希望，我問：「家人知道你的打算嗎？」小曾搖搖頭說：「除了媽媽以外，所有的家人早就放棄我了，在他們眼中我連垃圾都不如。」

看著小曾走出店門，我不免擔心他是否眞的會丟掉吸食器？也許過了轉角，這一萬元還是進了毒販的口袋。過去雖然有許多吸毒的人到我店裡當過東西，不過我與他們只有金錢上的往來，但是這次我親眼見證毒品毀掉一個正常的家庭，心裡不勝唏噓。日後我不時想起小曾，只是他始終沒有再踏進店裡過。

三年後，有一天曾媽媽來找我，遞給我一張喜帖，我問她：「恭喜啊！是哪個女兒的喜事啊？」曾媽媽略顯激動地說：「不是，是我兒子小曾要結婚了。」我聽了喜出望外，這可是天大的好事啊！三年來，我偶爾想起小曾的身影，但是總以爲他已經離開人世了。我趕緊問小曾的狀況。

原來小曾到了台東的戒護機構之後，主管見他戒毒狀況良好，行爲能力正常，於是提拔他擔任總務，負責修理水電、擔任司機等等，每個月還有一萬八的收入。雖然金額不高，但是也足證小曾已經漸漸脫離毒海，具備正常人的生活能力。日後小曾更在那邊認識了當地的女孩子，對方不在乎小曾荒唐的過去，兩人決定牽手一輩子。

我聽了開心地說：「這實在太好了！他什麼時候回來？我一定要跟他好好聊聊。」

曾媽媽說：「他不好意思回來，因爲鄰居都知道他以前吸毒，所以連喜宴都辦在台東。

結婚之後他們也會定居在台東，東部純樸，誘惑比較少，可以讓他遠離以前的是非。」

我懷著喜悅的心連忙跑進庫房，找出三年前小曾典當的收音機和日記本，跟曾媽媽說：「當年小曾臨走時交給了我，我想請妳帶回家最合適。」曾媽媽含著眼淚收下了。

一晃眼又過了幾年。某日，小曾帶著太太和孩子親自來拜訪。他的狀況好得令人訝異，一般來說，毒品會造成神經和腦部的傷害，戒毒者常有記憶力衰退、反應變慢等後遺症。但是眼前的小曾非常健康，眼神中充滿了自信。我問他為什麼這次可以戒毒成功？

他說：「其實當年爸爸向我下跪、拜託我戒毒的時候，我已經覺得不戒不行了，只是毒品的誘惑讓我把持不住。這一次我能夠重新站起來，除了歸功於上帝的恩賜之外，最大的力量就是我爸爸。每一次毒癮發作、我快撐不住時，腦海中總會浮現爸爸倒地的樣子。過去的我害了爸爸一條命，所以絕對不能再讓他失望。而在同期去戒毒的伙伴中，也只有我戒毒成功。」

雖然我不是基督徒，但是小曾的故事卻也讓我深信神蹟的存在。我見過各式各樣吸毒的人，卻沒有任何一個能夠走出毒品的控制，小曾是我僅見可以從毒海全身而退的人。過去的他活像行屍走肉。現在他有了信仰、家庭和一切，宛如浴火重生的鳳凰。當然，更值得佩服的是曾爸爸，他用自己的生命，拯救了兒子的人生。我親眼見證一張白紙被染得深黑，終又回復光潔的奇蹟，過程的波濤洶湧震撼人心。

根存 甲 № 007085

一張當票的啓發

吸毒者是位於社會的最底層的人，因爲就連壞人也都瞧不起吸毒的人。毒蟲的行爲模式通常會不斷重複；想盡辦法弄錢買毒，打了以後飄飄欲仙，待藥性退了，又想著下一次買毒的錢，毒癮愈來愈重，終究落入萬劫不復的境地。

他們的世界裡除了毒品，沒有任何的色彩。有人貪圖吸毒的快活，但是我相信凡事終有平衡，前面預支的好處，後頭一定要加倍奉還；即使吸毒時爽得像神仙，但是毒癮犯了，比當鬼更痛苦。而想要戒毒，扒掉三層皮都不一定戒得掉。

因此，不論經歷多大的挫折，或是出於多大的好奇心，絕對不能沾上毒品，否則一人染毒，全家都會跟著受苦。

第四張當票：二十年的派克鋼筆

大 當 千

台北市當舖業當票 甲 № 007085

當物內開	貸金	當入日期
舊 派克鋼筆壹支。	新臺幣 捌佰元整 利息未扣	民國七十七年○月○日
		滿當期限
		七十七年○月○日

楊○○ 先生/小姐

大千當舖

本舖每月第二、四星期日公休

憑票取贖 謝絕看貨

◎營業時間：上午九時起 下午十一時止

地　址：台北市中山區○○路○○○號

電　話：1 2 3 4 5 6 7

光顧當鋪的客人多是爲了利益，但卻有少數的人從當鋪找回了溫情。

民國七十七年一個再尋常不過的下午，我一如往常正在鋪子裡忙著例行事務，一位老先生推開大門走了進來，顫巍巍地從懷裡掏出一支派克鋼筆，表明要典當。派克鋼筆是美國製鋼筆，在五、六〇年代曾經盛行，當時也是一種身分的表徵。

我端詳著眼前這位老先生，他雖然年近古稀，但是散發一股有別於他人的文人氣質，感覺投緣，於是我便先請老先生到辦公室裡坐著歇腿，沏壺茶請他喝。才一坐定，老先生便將鋼筆遞給我，在燈光下筆身透出長期在指間摩娑特有的光亮，雖然有些碰撞的痕跡，還是看得出使用者的愛惜之心。再轉到背面，看見筆桿上面刻了「楊老師惠存」的字樣。

一問才知眼前這位老先生就是楊老師，楊老師的老家在山東，大學還沒畢業就因抗日戰爭爆發，憤而投筆從戎，國共內戰後就隨著國民黨部隊逃到台灣，雖然沒有畢業證書，但是由於當時台灣社會教育水準還沒提升，一個大學肄業生已經算得上不可多得的知識分子。於是他一退伍之後就即轉任代課老師，周遊在各學校之間。

我一聽他是個老師，而且還是同鄉，親切感油然而生，忍不住多聊了一會兒，便又接著問他：「爲什麼要當這支鋼筆？」

楊老先生答說：「我現在年事已高，眼力也不好，沒辦法寫東西了。與其放在身邊，不如換一點錢，如果落在有緣人手上，至少可以寫寫字，鋼筆的生命還能繼續延續。」

問明前因後果，我感念楊老先生愛惜文具的讀書人個性，雖然一隻中古的派克鋼筆值不了多少錢，而且被人買走的機會也不高，但還是馬上就寫好當票，將典當的八百元交付給他。

由於楊老先生無意贖回，所以三個月後，這支鋼筆自然流當了。因此我便把鋼筆從庫房裡拿出來，擦拭乾淨後，放進門市部的玻璃展示櫃中。那是舖子的流當品陳列區，專門擺放沒人贖回的商品，等待著哪天顧客的青睞。

一般來說，流當品可簡單分爲兩種，一種是市場接受度高的物品，例如相機、手錶、電器等等，這類商品通常都由專收二手商品的販子來買走；而另一種就是類似這種各路販子都興趣缺缺的商品。雖然派克鋼筆算是名牌產品，但是並沒什麼與眾不同的設計，甚至還有人說收鋼筆不如收個打火機實用。

而那方小櫃，雖然名爲展示櫃，但實則十分簡陋，外面還罩著鐵欄杆，一方面是因爲流當品櫃不夠顯眼，一方面也是因爲裡頭其實沒什麼太過值錢的東西，自然比不上百貨公司的櫥窗光鮮亮麗、引人注目。一年多下來，別說賣掉，連一個詢問的客人都沒有，漸漸我也忘了這隻鋼筆的事。

某日下午五點多，有個先生恰巧在當舖門口的公車站牌等公車，閒著沒事四處張望，無巧不巧就瞄到流當品的玻璃櫃。他定睛看了一會兒，馬上走進店裡問：「老闆，櫃子裡那隻鋼筆可不可以看一下？」我說：「當然可以。」從外表和談吐推算，這位先生應該是個讀書人。

他拿起鋼筆反覆細看，愈是端詳，表情愈是複雜。等看到筆桿上的題字時，他突然神色大變，無預警地流下淚來，哽咽地問：「請問當這支筆的人，是不是一位楊某某老師？」一個大男人在我面前流淚，嚇得我趕緊翻閱典當記錄，果真來典當的人名字就如他所說。

讀書人一聽情緒更激動，鼻涕眼淚彷彿從臉上所有毛細孔湧出一般。我一面勸他喝點茶穩定穩定情緒，一面問他想起什麼傷心事，他抹了抹涕泗縱橫的臉，娓娓道來。

「我的爸爸是伐木工人，每天用勞力換取家裡的開銷。但在我就讀羅東高中高三時，爸爸卻因爲意外不幸過世，只剩媽媽能夠賺錢，家裡頓失經濟支柱。眼看聯考即將來臨，但是媽媽的收入有限，實在無法養家。爲了幫忙家計，我只有放棄學業一途。

「當年楊老師代了我們一年的國文課，他知道我的處境後，不願看我就此失學，竟然執意幫我出學費，堅持要我把高中讀完。我拚命念書，最後終於考上台北工專（即現在的台北科技大學），後來也跟著當了老師，現在回到台北工專任教，總算沒辜負楊老師的期望。

「雖然楊老師只教了我們一年，但是同學對他的印象很深，他的山東口音特別重，第一次上課時，全班沒人聽得懂他在教什麼。一段時間之後，同學習慣了他的口音，才發現老師的國學底子十分深厚，能把枯燥的古文講得生動有趣。於是在高中畢業時，全班湊錢送了老師一支鋼筆，就是我手上這一支。」

我聽完他的故事不禁動容，沒想到一支看來毫不起眼的派克鋼筆竟然包含了一段跨越二十年的師生情誼。

讀書人問我鋼筆要賣多少？他想將它贖回。我聽了連忙搖手說：「這支鋼筆對你意義重大，你要給我錢，我也不知道怎麼收啊，而且也收不起。就當我送給你得了。」接著，我也趕緊另外找出一年多前楊老師登記的地址，囑咐他有空趕緊去探望老師，好好敘敘舊。

最後，這位先生還眞的找到楊老師，甚至在幾年後更召集了三十幾位曾經受過楊老師教誨的學生舉辦了同學會兼謝師宴，還特地邀請我去參加。當天的場景溫馨感人，我至今難忘。

現在回想起來，這一切巧合得不可思議：我的流當品櫃非常不顯眼，不但既小且舊，也不常擦拭，而且裡面擺的東西種類繁雜，不仔細看還真看不出個名堂。但這位讀書人路過店門口，隨意瞧上兩眼，居然一眼就認出那支在二十年前就送出的毫不起眼的派克鋼筆，要知道，上頭的題字還是在背面吶！

楊老師當年的春風化雨，讓這位讀書人有機會繼續深造，也影響與改變了一個人的一生。而讀書人也是性情中人，要不是他始終感念老師的協助，恐怕也沒有機會重新連結二十年前的師生情誼。

人生的際遇充滿數不清的偶然，這些偶然往往有其美好的一面，但卻不是所有人都能夠感受到。唯有心想正念、懂得感恩，才能夠讓這樣的偶然圓滿，就像是楊老師與學生的二十年後還能重逢的情緣一樣。

根存 甲 № 007085

一張當票的啓發

一個不經意的動作，往往是滋養其他人一生的養分。珍惜每一次生命的交會、珍惜與每個人的緣分，因爲你永遠沒辦法估計自己給他人的人生帶來什麼影響。

贖回

第五張當票：當舖音樂教室

大 當 千

票當業舖當市北台　甲 № 007085

	當物內開	貸金	當入日期
趙○○先生／小姐	舊　河合鋼琴壹架。	新臺幣　貳萬元整	民國七十三年○月○日
大千當舖		利息未扣	滿當期限：七十三年○月○日

憑票取贖　謝絕看貨

本舖每月第二、四星期日公休

◎營業時間：上午九時起 下午十一時止

地　址：台北市中山區○○路○○○號

電　話：1 2 3 4 5 6 7

當舖附近有位開水電行的趙老闆，三天兩頭就為了貨款來找我周轉，甚至連125c.c.的摩托車都常牽過來當。我知道做生意難免有急用，所以倒也習以為常。有一天，他又焦急地找我商量：「秦先生，幫幫忙，我下午三點半之前就算砸鍋賣鐵也要湊到兩萬元，否則水電行非關門不可。」

「幫忙沒問題，可是你連水電零件和機車都已經在我店裡了，還有什麼可以當的？」

「我家有一架很新的河合鋼琴，乾脆當給你吧！」

我連忙搖手：「鋼琴太重了，我可沒辦法搬。」

趙老闆趕緊說：「沒問題啦！我請店裡的師傅用發財車載過來，不用你出力啦！」

果然，隔天一架河合鋼琴就準時送到店裡。可是鋼琴體積實在太大，倉庫容不下，而且樂器放在潮濕的地方容易走音。於是我便請水電師傅把鋼琴擺在營業廳，權充擺設，也算是幫當舖增添一些文藝氣息。

兩天後，趙老闆又登門造訪，本以為又是要來周轉，卻見他面有難色，他尷尬地說：「秦先生，跟你討論一件事。其實這架鋼琴是我兒子的寶貝，他每天最期待的就是放學後練琴的時間。當他知道我要當鋼琴，一直哭著求我，我看了很心痛。只是為了生意，不當不行。這兩天早上他兩眼都是腫的，看得出來晚上躲在被窩裡哭……」聽到這此話，我以為趙老闆是要把鋼琴贖回去，不料他接著說：「……所以我想，我兒子放學之後，可不可以讓他來你店裡練琴？」

聽了這話，我啼笑皆非，開當舖這麼久，我還是第一次遇到這樣的請求。但當舖畢竟是做生意的地方，因此我連忙拒絕：「不行、不行，這樣當舖豈不成了音樂教室？而且我店裡出入的分子三教九流都有，對小孩子來說不太適合啦！如果你手上有錢，要不要先把琴贖回去？」

「唉，我現在手頭很緊，不過下周會收到錢，到時候一定馬上來贖。可是在這之前，拜託你讓我兒子來練練琴，他很乖的，不會打擾你做生意。」我看趙老闆愛子心切，禁不住哀求，於是不忍心再拒絕。

因此，從第二天開始，趙老闆五年級的兒子下午放學後，總是乖乖地背著書包來練琴。

每回趙小弟來練琴時，我都會在一旁稍微觀察他，發現雖然趙小弟年紀小，但是每次在練琴之前，從洗手、掀琴蓋到擦拭琴鍵，每個動作都帶著無比的專注，彷彿鋼琴是他的專屬神壇似的，讓我印象深刻。我好奇地問他：「彈的是什麼曲子？」趙小弟說：「巴哈的《平均律》。」其實我對樂理一竅不通，趙小弟彈得好不好，我說不上來。但是他灌注在音樂中的情緒和心無旁騖的神情，卻深深令我感動。也因此，日後我女兒說要學鋼琴時，我舉雙手贊成，正是拜他所賜。

而且說來也奇怪，只要是他練琴的時候，都不會有任何客人上門。至於是機緣巧合，還是客人聽到當舖傳出反常的悠揚樂音因而不敢打擾，這就不得而知了。

等他練完琴，我問他：「你為什麼這麼愛彈琴？」他害羞地絞著褲子說：「小時候爸爸媽媽離婚，所以媽媽不在我身邊，如果學校發生什麼事情，我沒人可以說，可是只要一彈琴，我就什麼煩惱都沒有了。」我又問了他家裡的情況，他說：「爸爸每天忙著工作，而且身邊有個阿姨（女朋友），跟我相處的時間很少，所以我的生活除了讀書，就是練琴了。」

說完話，趙小弟便蓋上琴蓋，背起書包準備要回家，但走到門口卻突然轉身問我：「秦叔叔，你可不可以叫我爸爸早一點來把琴贖回去？」我聽了這句話，好半晌都說不出話來。說實話，以前的我總認為鋼琴是件怪異且專業的樂器，與我八竿子打不著，可是我從沒想到一個孩子在彈琴時，能超脫肉體和年齡的限制，彷彿變身一位充滿智慧、情感豐富的成年人。透過指尖，化解父母離異的痛苦和生活的孤單，甚至能體諒父親為五斗米奔波的苦衷。

當時我才發現，原來這架鋼琴不只是木頭與鋼線的結合體，而是一個不到十二歲的孩子所有感情寄託。

接著幾天，趙小弟放學後還是會按時來當舖練琴，而每次在回家之前也總會央求我叫他爸爸早點來贖當。連著幾天下來，我實在不忍心看孩子受這麼大的煎熬，乾脆自己找了搬家公司，把鋼琴運回趙老闆家。

老闆收到鋼琴後嚇了一大跳，我告訴他：「這部鋼琴在你看來只是財產，卻是你兒子的全部，對我來說更是無法承受的負擔。只要放在當舖裡一天，我們三人都不好受，你還是先收回去吧！那兩萬元等你有錢了再還給我。有空多陪陪你兒子，錢可以再賺，兒子只有一個。他很懂事，需要你更多的照顧。」

這是我頭一次破壞了經營的原則，質當品還沒到期，卻直接交回持當人的手上。日後我聽說老闆的女友不時抱怨琴聲太吵，對孩子頗有微詞，最後趙老闆也毅然放棄與女朋友的感情，從此父子兩人相依為命。雖然趙小弟長大後並沒有走上音樂之路，卻在廣告業擔任美術設計，名聲同樣很是響亮。

在成長過程中，很多人曾遭遇父母離異或是經濟困窘的坎坷，有些人會在心裡留下陰影，漸漸走上歪路，能像這個愛琴的孩子一樣不怨天尤人，實屬難能可貴。他的堅持和純真，幫自己找到情緒的寄託，讓父子關係更加融洽，更啓發我理解音樂的美妙與特殊之處。

外人常以為當舖業不過是單純的收受物品與放款業務，一翻兩瞪眼，毫無情義可言。但是每次與客人的互動始終提醒我；即使交易的金額再大，金錢只是冰冷的數字；而每件易手的物品，不論新舊，都包含著人與人之間生命的軌跡。

現代父母在經濟壓力下，往往孜孜矻矻求生存，卻忽略了與最親愛的子女好好一起生活。在當舖這行這麼久，我深深覺得，其實生命中的每個選項均有輕重緩急，唯獨家人始終是不變的第一順位。

根存 甲 №007085

一張當票的啓發

童年時的經歷對於人格養成有深遠的影響，只是年幼時礙於語言和文字能力的限制，即使內心翻攪，外人也很難察覺。也唯有透過音樂或藝術，隱藏的情緒能跨越年齡與能力的界線，不論是自我期許、或是對外界的同情心，都能找到宣洩的出口。

第六張當票：傳家金簪

大 當 千

台北市當舖業當票 甲 № 007085

本舖每月第二、四星期日公休

憑票取贖　謝絕看貨

當入日期	貸金	當物內開	
民國八十二年〇月〇日	新臺幣伍仟元整	舊 傳家金簪壹只。	黃〇〇先生小姐
滿當期限			
八十二年〇月〇日	利息未扣		大千當舖

◎營業時間：上午九時起 下午十一時止

地　址：台北市中山區〇〇路〇〇〇號

電　話：1 2 3 4 5 6 7

很多人都誤以爲會來當舖的客人，都是經濟有困難的人，但其實其中不乏富裕的人，他們上門不一定是要周轉，而是別有所求。

例如，我的鄰居黃老太太，從上一代開始便累積不少房地產，晚年生活優渥，在地方上小有名氣，她的兒子黃先生則在長春市場擺了個菜攤。其實以黃家的經濟狀況，黃先生根本不需要賺錢，與其說是做生意，倒不如說是打發時間。

不過有一天，黃老太太卻上門來找我。

看到黃老太太這位稀客我趕緊上前迎接，只見她小心翼翼地說：「我有樣東西不能放在家裡，借放朋友那邊也不放心，不知道可不可以放你這裡？」說著就從袋子裡拿出一個用方型包布層層包覆的布包，揭開包巾，裡頭是一個摩娑得發亮的木盒。掀開木盒，黃老太太從中取出一只金簪，樣式並不花俏，但可以判斷出是件有些年歲的金飾。

我問老太太：「這只金簪不占空間，爲什麼不放家裡呢？」黃老太太揚聲說：「要是放在家裡，遲早會被我不孝的媳婦偷走。」我不解地問：「老太太，我認識妳媳婦啊，有像妳說得那麼壞嗎？」

黃老太太一聽我提她媳婦，劈哩啪啦地數落起來，什麼不孝順、言詞頂撞、甚至偷拿東西，讓黃老太太氣得要命。雖然我心想她媳婦看起來不像是忤逆婆婆的人，但是面對別人的家務事，我也不方便置喙。趁著她罵得告一段落，我趕緊岔開話題說：「大家都是老鄰居了，東西放我這裡保管當然沒問題。但是按照慣例，還是要開張當票做爲收據，不然就當五千元好了。」黃老太太說：「好，可是你要注意喔，我這只金簪是阿祖的阿祖留下來的，哪天我走了，一定會一起帶走。如果我沒來拿，你千萬不能給那個女人（媳婦），連我兒子也一樣。」

我很好奇黃老太太爲何如此重視這只不起眼的金簪，經過多次的聊天，總算慢慢拼湊出事情的原委：原來黃老太太是從小就被送到黃家當童養媳，婆婆待她十分苛刻，但是黃老太太不曾有過一句怨言，侍奉婆婆猶如對待親生母親一樣地無微不至，不論婆婆提出多麼過分的要求，她總是能讓婆婆滿意。時間一久，婆婆終於被這個媳婦感動。臨終前，她將黃老太太叫到病榻前，將金簪塞到她手裡，溫柔地說：「這只簪子是阿祖的阿祖留下來的，我只留給妳一個人。」婆婆的舉動無疑宣告黃老太太從毫無地位的童養媳，晉身繼承家族衣缽的長媳，羨煞諸多親友。

至此，我總算了解黃老太太爲何不斷叮囑我絕對不能把金簪交給她媳婦的原因，因爲在她眼中，媳婦根本不曾盡到孝順婆婆的義務，擔不起金簪代表的持家有方。

之後每隔一、兩個月，黃老太太總會來串門子，隨口問問金簪在不在，另外給我一百塊錢當作繳息。我曾不只一次勸她，何不到銀行租個保險箱，費用還比較便宜。可是黃老太太堅持己見，她打聽得很清楚，如果放在保險箱，萬一哪一天她駕返瑤池，保險箱的鑰匙終會落入媳婦之手。

她正色說：「所有的房產算是黃家的，即使我兒子花光敗光，我眉頭都不會皺一下。但是唯有這支金簪是我用盡一生的心力侍奉婆婆得到的榮耀，我絕對、絕對不能給我媳婦。」既然黃老太太心意已決，我也不再勸她，只有善盡保管責任，讓老人家放心。

歲月荏苒，沒想到兩年之後，黃老太太終究還是生病住院了。她的幾個女兒幫忙整理房間，發現黃老太太視若珍寶的金簪不見蹤影，卻在平常收著私人物品的抽屜找到當票。於是她兒子黃先生帶著當票上門，告訴我黃老太太住院了，他要贖回金簪。

我搖搖頭說：「黃先生，很抱歉，你媽媽交代我，不能讓你贖。」

黃先生聽了不能接受，仍執意要贖，我們兩人一來一往，幾個來回之後，黃先生愈講愈大聲，索性把太太和姐妹找來店裡助陣，每個人你一言我一語，我彷彿置身諸葛亮舌戰群儒的現場。

雙方僵持之下，終於我說：「不然請黃老太太來一趟，我立刻把金簪交給你。」

「我媽現在在住院，怎麼可能過來？難不成你想要霸占我們家的東西？」黃先生反脣相譏。

「我絕不是要霸占，說老實話，這只金簪值不了多少錢。但是你媽媽交代過，一定要她本人來才可以贖，我答應了就要做到。」

「照你們當鋪的規矩，是不是憑當票就能贖？」

「話是這麼說沒錯，只是我跟你媽媽認識這麼多年，受人之託，忠人之事，她既然交代我，我一定要辦到，不能讓老人家失望。」

既然場面鬧得這麼大，我索性敞開來說：「這只金簪起碼值一、兩萬，但是你媽媽卻只當了五千元，可見她並不缺錢，你知道她爲什麼執意要拿來我這裡當嗎？相信你和你母親的相處情況，只有你自己最清楚，不要把家裡的問題套到我這個外人身上。你應該跟媽媽好好商量，而不是爲了金簪的去向爭得面紅耳赤。」

聽到我這番話，黃先生氣得破口大罵，後來連附近的警察和里長都來打圓場，他們把我拉到一邊，低聲勸我把金簪交給黃先生得了，但是我堅決不答應。

這一鬧就到晚上七、八點，大家才沒力氣再吵下去，於是雙方鳴金收兵，各自回家養精蓄銳。但沒想到當天晚上十二點，黃先生竟再次闖進店裡，我原本以爲他準備二次開戰，怎料他的語氣軟化許多。

黃先生表明，其實他並不在意金簪的歸屬，而是他媽媽平日到處廣播兒媳婦如何不孝，傳家的金簪絕不會交給他們云云，讓黃先生飽受親友誤解的目光。而今天在店裡的爭論成了壓垮駱駝的最後一根稻草，才會情緒失控上演鐵公雞。現在回到店裡，是希望跟我好好談一談，化解彼此的誤會。

我問他：「我不只一次聽到黃老太太說媳婦不孝，可是我又覺得妳太太不像是這樣的人，而黃老太太也不是個喜歡搬弄是非的人，事情似乎沒這麼簡單，到底是什麼原因？」

黃先生苦笑說：「其實所有的爭執都起緣於單純的婆媳問題。一開始我和太太談戀愛時，我媽媽大力反對，她認爲自己見多識廣，眼光比我準，可以幫我挑個好老婆。可是她介紹的對象我都不喜歡，而我自己挑的媽媽又看不上眼，於是新婚第二天開始，婆媳大戰就正式上演。說眞的，我覺得我媽媽以前受到婆婆諸多虐待，深埋幾十年的陰影無處發洩，才會把怨氣投射在我太太身上。

「其實我也不願意事情發展成這樣，從小媽媽就非常疼我，如果在婚姻初期能好好坐下來跟媽媽溝通，也許還有機會化解彼此的尷尬。只是年輕的時候血氣方剛，每次婆媳意見分歧時，我沒耐心跟媽媽好好商量，總是選擇折衷或是照太太的意思。久而久之，我太太受到我的影響，與我之間發展成支配關係，而跟媽媽之間演變成對立關係。我們三人從一開始可以隨便發揮的申論題，變成答案精簡的問答題，後來轉型成選項不多的選擇題，終於落入沒有後路的是非題。我媽媽不甘心每次位居下風，於是開始編派我太太的不是，逢人就講。秦先生，你知道嗎？我在媽媽和太太之間夾了二十年啊！」

黃先生眉頭深鎖，憂愁的鐵鍊捆得他喘不過氣。

他接著又說：「秦先生，我們是老鄰居了，雖然平常只是點頭打招呼，沒有多少聊天的機會，但是我知道你是個正派的人，生意經營得有聲有色，絕不會貪圖一支金簪，可是你堅持不把金簪交給我，我很想問問你的理由。」

聽到黃先生一口氣說出了心裡話，證明他心防已開，因此我便直截了當地告訴他：「黃先生，正如你所說，你媽媽會有這種偏激的想法，絕非一日之寒。平心而論，她帶走的不是金簪，而是一種累積的不滿。這只金簪代表的是孝順長輩的傳統，她認爲你違背了傳統。說眞的，你媽媽已經七、八十歲了，要改變很難。而你太太已經有二十多年的婆媳相處經驗，想回心轉意也不容易。但你媽媽跟你相處了上半輩子，你太太要跟你相處了下半輩子，雖然你現在只能回答是非題，還是要當成申論題來做。想讓她們和平相處，解題人只有你能勝任。你必須先跟太太討論，不管有什麼怨恨和不滿，媽媽疼愛自己的心總是不會變，事情沒有這麼糟，親情沒有隔夜仇。而且大家族最注重面子，你們家在地方上算得上有頭有臉，今天你們來吵架，本來沒有人知道家裡的風暴，這一鬧，大家都明白媽媽和媳婦之間有摩擦。」

黃先生搓著臉說：「一開始我以爲這麼一鬧，大夥的壓力會讓你讓步。可是人群散去的那一霎那，我看到眾人批判的眼神，才了解自己才是被審判的那一位。」

我說：「經過這一次，我們彼此都成長了不少。說眞的，街坊鄰居知道你媽媽對人很好，可是我的經驗告訴我，對外人愈好的，反而對家人愈苛刻。雖然你在市場賣菜，但是多少算是受過高等教育的知識分子，是不是該跟太太商量商量，改變彼此跟媽媽溝通的態度？再怎麼說，老太太年紀大了，做晚輩的即使當成演戲，也要演得逼眞，日子才會比較好過。」這一番推心置腹一花就是五個小時的時間，當門外已響起了清潔隊掃街的聲音，黃先生才若有所思地回家。

約莫過了十天後，黃先生再度登門，但卻是連同黃老太太一起。他推著坐在輪椅上的黃老太太進到店裡，雖然黃老太太有點虛弱，但是臉上的線條較過去柔和許多，看來黃先生的努力沒有白費。

我問黃老太太：「要不要把金簪贖回去啦？」

黃老太太想了想說：「讓你保管了兩年，也該贖回去了。」

金簪終於物歸原主，黃老太太萬分珍惜地收入原本的木盒中，黃先生推著媽媽走向門口。臨走前，他轉頭朝我點了點頭，母子兩人步出了大門。

根存 甲 No 007085

一張當票的啟發

人與人之間可能要結上幾世的緣分，這輩子才能成爲親人，所以其實都是難得的福分。而婆媳問題實屬常見，如果能夠事先約定規章是好事。但萬一衝突發生時，又應該如何面對彼此的父母呢？

如果長時間的相處會讓摩擦愈演愈烈，可以和長輩商量，如何用距離換取空間，用空間換取歡樂。也許是每周固定聚餐或是出遊，慢慢形成彼此照應的生活平衡。在磨合階段，爲了維持和諧，勢必要做出犧牲，但是先退一步，是爲了將來的平穩生活所保留的轉圜餘地。

第七張當票：跨國姻緣

大 當 千

台北市當舖業當票 甲 No 007085

當入日期	貸金	當物內開	
民國八十五年○月○日	新臺幣 伍萬元整	舊 金飾壹批。	蔡○○ 先生／小姐
滿當期限：八十五年○月○日	利息未扣		大千當舖

本舖每月第二、四星期日公休

憑票取贖 謝絕看貨

◎營業時間：上午九時起 下午十一時止

地　址：台北市中山區○○路○○○號

電　話：1 2 3 4 5 6 7

在十五、六年前，林森北路和中山北路一帶（俗稱六條通）是日本人來台必遊之地，不論是洽公還是觀光，日客絡繹不絕。也因此附近的藝廊、酒吧應運而生，更吸引了許多外地的上班女郎前來淘金。她們大多省吃儉用，一旦存到一筆小錢便會買金飾保值，有急用時再到我的店裡典當。現在回想起來，我的當舖幾乎是扮演了ATM的角色。

其中有一位從宜蘭來名叫「阿霞」的女孩子，年紀約三十歲，工作經驗豐富，時常到店裡周轉，打過幾次照面後，大家便成了朋友。有一天她突然問我：「老闆，你認不認識會寫日文信的？」我回她：「林森北路上有很多幫人寫日文信的翻譯社，找他們就好了。」但她卻面有難色地說：「這些職業的收費太高，一封信要好幾百元，而且有些事情我不好意思讓不熟的人知道。」於是我又回：「好，我這幾天幫妳問問。」

其實我當時腦海裡早已經浮現了一位合適的人選：詹先生。他專司日劇的中文字幕翻譯，平時愛打柏青哥，常常到我店裡換些小錢。只是因爲還沒有請教過他，所以不敢貿然先答應什麼。終於有一天詹先生又上門，我便跟他提了阿霞的要求，問他可否幫忙，他爽快地答應了。於是我幫他們拉上線，兩人開始密切地聯繫。

日後詹先生不時會到我店裡走走，除了當東西，也不忘向我報告阿霞的近況。他說：「老闆，你知道阿霞要我寫什麼信嗎？她愛上了一個日本年輕人，成天要我幫她寫情書。我看，她八成腦袋壞了！」我回他：「在這一帶女孩子寫信給日本人很正常啊，幹嘛說她腦袋有問題？」只見詹先生搖了搖頭說：「唉，秦老闆你就有所不知了。通常台灣的女孩子寫信給有過一段露水姻緣的日本觀光客，十個裡有八個都是貪圖對方錢財的。但沒想到阿霞不但沒這麼做，還反過來寄錢給那個小日本。我勸過她好幾次，這個日本人一定是騙子，但是她屢勸不聽啊！」

因爲聽到這些話，後來再遇到阿霞時，我便特意問她是否被騙了？她回答我：「你是不是聽了詹先生亂講什麼了？」我說：「詹先生也是好意，說眞的，妳自己生活已經不容易，怎麼還寄錢過去呢？」阿霞聽了解釋道：「老闆，事情跟你想得不一樣。這個男孩子上次跟公司的社長一起來台灣出差，他除了白天工作，晚上還在念書，十分上進。有時他的生活費不夠用，我想我的收入比較多，幫他一點忙也是應該的。事情才不像詹先生說得那麼糟糕咧！」我心想裝窮騙錢是江湖騙子常用的伎倆，但是看到阿霞如此篤定，我只能告訴她：「如果妳都想清楚了，我就放心了，但是社會上壞人不少，妳一個單身女孩子別被人占了便宜，萬事還是小心爲上。」

之後，他們兩人依舊持續通信了一年多，有一回，這位日本年輕人又跟著老闆來台灣出差，於是阿霞喜孜孜地與他度過了幾天甜蜜的日子。結果男主角返國沒多久，阿霞竟發現懷孕了。以她的工作收入，要養孩子並不容易，只是她依舊堅持要把孩子生下來。眼看著肚子愈來愈大，詹先生要我幫忙勸勸阿霞。但是這畢竟是別人的家務事，我們只能以朋友的立場提出建議，無法強迫她選擇。

幾個月後，孩子出生了，日子倒也安安穩穩，沒有什麼大波瀾，因此我也沒特別再去注意這件事。但是，孩子在兩歲時突然生了一場大病，需要動手術治療。許久沒上門典當物品的阿霞連夜帶著所有的首飾來找我，希望能湊足孩子的醫藥費。她的眼中全是焦急，但是整包首飾只值兩、三萬，離手術費用還是有段差距。想起她孤身一人扶養孩子，我實在不忍心，於是勉強算了五萬元，詹先生也借了些錢給她，阿霞東湊西湊，總算幫孩子度過難關。

動完手術之後，阿霞卻沒再現身。一問詹先生，才知道阿霞帶著孩子去日本找她的男朋友了。想起以前聽過的異國愛情故事，這類萬里尋夫的癡心女子最後往往都以失望收場，更何況像孩子開刀這麼大的事，男方都沒有想辦法前來探望，因此我們一致認爲這些年來，阿霞眞的被騙了。又過一陣子，詹先生也從我的生活圈消失，我便漸漸忘了這段跨國戀曲。

若干年後，我突然接到一通電話，只是對方講話速度快得糊成一團，我完全聽不懂，連是男是女都聽不清楚，因此我只當他打錯了電話，沒去多想。隔天電話又響了，這回對方自稱阿霞，剛從日本回國，邀請我到國賓飯店餐敘。我一時想不起來阿霞是誰，而且我在日本也沒有朋友，心想要不是打錯電話，就是個騙子。但是對方既然說要請我吃飯，劈頭說她是騙子可不禮貌，於是我藉口公務繁忙，婉拒了她的邀約。

到了當天下午，一個中年婦女笑咪咪地走進店裡，容貌十分眼熟，多看了幾秒，我失聲喊出：「妳是阿霞！」幾年沒見，她的五官依舊，更多了幾分幸福的氣息。

我們到對街的咖啡店敘舊，她說去了日本之後，跟當年交往的男主角結婚了，婚後又生了一個兒子，生活穩定而美滿。她感激地說：「老闆，當年要不是你大力幫忙，我的孩子可能過不了手術那一關，不知道我當的首飾還在不在？我也該贖回來了。」我笑說：「早就賣了。當時妳女兒剛動完手術，我想妳短時間內應該沒有閒錢可以贖回，而且後來妳又消失了，於是我算一算時間，便全部賣掉了。」她聽了急忙說：「哎呀！你一定賠了不少錢，我該把錢補給你。」說完連忙要掏鈔票，我搖手說：「不用了、不用了，錢不重要，生活過得去比較要緊。」她連聲稱謝，接著嘆口氣說：「可惜找不到詹先生，不然我眞該好好謝謝他。」我說：「要不是他幫妳寫信，妳說不定沒機會跟現在的先生結婚。既然現在修成正果是好事一樁，我就幫妳去問問詹先生的下落。」

我請警察局的朋友幫忙查了查詹先生的行蹤，原來他隱居到林口去了。於是我們三人便約了時間見面吃飯，講起往事，大家又是歡喜，又是感慨。

阿霞說：「當年遇到我丈夫的時候，他還只是公司社長身邊的小跟班。我的姐妹跟同事都勸我應該要好好把握事業有成的社長，誰知道我看上的是毛頭小子，還寄錢供他生活。大家都覺得不可思議，所以我才不敢請職業的翻譯社幫忙寫信，否則會有更多人當我是神經病！」詹先生笑說：「其實我幫妳寫信寫久了，忍不住犯職業病，有些妳要我寫的內容，我也不一定照寫，反而把日劇的對白套進去；而妳先生的來信，有時我並沒有一字不漏地翻譯，盡量挑好消息告訴妳。所以，你們能結婚，我這個軍師的功勞不小啊！」

後來，阿霞還特地帶了兒子女兒一起來找我敘舊，看到她沉浸在天倫之樂中的歡喜模樣，我才真正感受到這位愛情至上的女孩子的確是找到了一個好歸宿。對照當年在林森北路的上班小姐，若是遇上多金的觀光客，常常夥同代筆的職業寫手，運用柔情攻勢設法從對方身上撈一票，與阿霞相信愛情的赤子之心恰恰相反。

雖然世間有時很險惡，但相信大多數人都是心存善念的好人，而在阿霞的身上，恰巧就應驗了「好心會有好報」的俗語，讓聚散無常的世間又多了一段佳話。一個惡人真要騙你，實在也防不勝防，但唯有心存正念，才可以保身，也才能結出好的果。

根存 甲 №007085

一張當票的啓發

當人陷入愛情時，會像花朵盛開一般容光煥發、充滿夢想，即使語言不通、相隔兩地，只要雙方都有心，相信再大的阻礙都有辦法克服。人是感情的動物，終究需要感情的寄託，才能在爾虞我詐的俗世裡，多一分相互扶持的希望，也可以讓生命更有意義。

贖回

第八張當票：山東爸爸與台灣孩子

大 當 千

台北市當舖業當票　甲 № 007085

當物內開

舊鐵力士手錶壹只。

貸金：新臺幣伍仟元整

當入日期：民國九十年○月○日

滿當期限：九十年○月○日

利息未扣

李○○ 先生／小姐

大千當舖

憑票取贖　謝絕看貨

本舖每月第二、四星期日公休

◎營業時間：上午九時起　下午十一時止

地　址：台北市中山區○○路○○○號

電　話：1 2 3 4 5 6 7

做生意時，來上門的客人其實都是一種緣分，如果再加上是遇到同鄉，更會讓我倍感親切。

某日，一位衣衫簡樸的老先生走進了當舖，操著濃厚的山東腔問我：「老闆，手錶當不當啊？」我聽他的鄉音十分耳熟，彷彿是從老家山東日照來的，便特別將他請到辦公室聊聊天。

一問之下，他果然是山東人，姓李。見到同鄉的長輩，我非常開心，連忙要替他倒杯茶，李老先生卻說：「等等，我的腳踏車停在門口，車上有些東西要先拿進來。」我好奇他帶了什麼東西，便跟著他出去瞧瞧，只見老先生牽著一輛骨董級的鐵馬腳踏車，後輪的鐵架上安著一個玻璃櫃，裡面裝了十幾張山東炕餅。

我見小時候吃到大的吃食出現在眼前，懷念的感覺更是油然而生，便乾脆請他把腳踏車推進店裡，不然炕餅被人拿走可麻煩了。

一聊之下才曉得，原來老先生平時在四平街賣炕餅，每天親手揉麵、烤餅、上街叫賣，二十多年來風雨無阻。要是賣不完，剩下的就是每天的晚餐。我問：「大叔，您為什麼這把年紀還出門賣大餅？家裡沒有孩子嗎？」他說：「我有個兒子正在念大學經濟系，最近該註冊了，可是這一兩個月生意不好，錢不夠用。我想這支錶戴了好久，現在也不需要看時間，乾脆交給你，不論是當還是賣都行。」說完便脫下錶交給我。

那是一支老牌的鐵力士，上頭布滿歲月的刻痕，還卡了不少汗垢、油漬和麵粉，可以想見這些年來肯定跟著李老先生度過每個賣餅的日子。

但是，雖然這支表對李老先生來說非常有紀念意義，可是在市場上卻是毫無價值。因此我老實跟他說：「大叔，您這支錶當不了多少錢啊！不然您說您需要多少，我評估一下。」李老先生說：「還需要五千元。」

「可是這支錶只值幾百元，而且就算您給了我，我也賣不出去。」我想了一想說：「這樣吧，您車上的大餅我全買了，就算五千塊錢。」李老先生一聽趕緊搖頭說：「那可不行，這幾個餅不值這麼多錢！」語畢還是堅持要把錶給我。推託了好一陣，我們達成協議：手錶當五千，車上的大餅充作利息，未來李老先生來贖錶的時候，就不用付利息了。

眼看三個月之後期限已到，但李老先生卻始終沒來贖回，照理說可以直接依流當品的規矩來處理，但是一來我們當初說好用大餅當利息，二來這支錶實在太破舊了，擺到流當品門市肯定乏人問津，所以我乾脆就把這支錶留了下來。

沒想到一年多以後，李老先生竟再次上門，見手錶還在，他開心地贖回。

我見他滿臉喜孜孜的，心想應該是有好事，便問：「大叔，最近日子還不錯吧？」他笑說：「好極啦！我兒子大學畢業了，在證券公司找到了工作，未來肯定能賺大錢，我開心地不得了！」我見他心情正好，便趁機說出心中的疑問：「大叔啊，我看您七十多歲了，但是您小孩才二十出頭。父子倆的歲數差很多，這……好奇怪啊，那您太太呢？」

李老先生聽了倒也不惱，乾脆地說：「什麼老婆？我打了一輩子光棍。」

「沒結婚？那您的孩子哪來的？」

李老先生呵呵笑說：「這個兒子不是親生的，是我撿來的。」

這一說奇了，李老先生才娓娓道來，在二十多年前，李老先生剛結束了一天的生意，回家經過公園時，聽到一陣微弱的聲音。起初他以爲是自己聽錯了，但是愈聽愈像嬰兒的哭聲，李老先生好奇地尋聲找去，只見樹底下有個包在布包裡的棄嬰，正哭得有氣無力，而且臉上布滿了被蚊蟲咬傷的叮胞。要是當時李老先生一個沒留神，說不定就錯過了。

李老先生趕緊抱起孩子送到警察局，可是人海茫茫，警察怎麼也找不到孩子的親生父母。幾個附近鄰居見李老先生和孩子有緣，便起鬨說：「反正你也沒孩子，乾脆領養他吧。」一切就這樣順理成章，孩子自然待了下來。

李老先生有了孩子之後，生活出現新的重心，賣起大餅格外有勁。雖然手頭拮据，但是每天吃賣剩的大餅，就著鹹菜和涼水便算是應付了一餐，自己過得極爲節省，賺的錢全部攢下來供孩子讀書。而這孩子也沒辜負父親的期望，念書和找工作十分順利，前途一片光明。李老先生提到孩子時喜上眉梢的模樣，深深刻在我腦海裡，同樣爲人父母，我完全了解以孩子爲榮的喜悅，因而也特別爲他感到開心。

又過了三、四年，許久不見的李老先生又上門了，但與上次不同，這回他眉頭深鎖，直說想跟我借點錢。我問：「大叔，發生什麼事？上次聽您說小孩的工作不錯啊，現在應該挺好的不是嗎？」沒想到他竟老淚縱橫說：「唉，小孩子糊塗，工作出了紕漏，現在被收押了。」我大吃一驚，連忙問他怎麼回事？原來他兒子進了證券公司之後，三不五時便會聽到內線消息，一開始他不爲所動，但是幾次下來，發現照著消息押寶的同事紛紛賺了錢，他也漸漸開始動搖。

可是手上沒錢投資怎麼辦？他竟開始挪用顧客的資金。一、兩次下來，還眞的賺到了錢，也沒被客戶發現，便食髓知味，愈挪愈大。可是內線消息總有空包彈，有幾回消息來源有誤，他不但被套牢，更沒錢還給客戶。等到客戶一查帳，事情就曝光了。挪用資金可是營業員的大忌，他不但立刻被解職，還被收押。

所以，李老先生現在上門來就是因爲心疼兒子，想借五千元買些水果補品去看守所探監。我二話不說拿出現金，不過李老先生還是堅持手上那支手錶要當給我，雖然這反倒讓我為難，但是我還是照他的意思開了張當票。但當票還沒到李老先生的手，他卻把它推還了給我說：「當票我就丟在這裡，請你幫我保管，以後我叫我兒子來贖。」

最後，總算是李老先生和兒子福大命大，資金被挪用的客戶見父子倆深感悔意，願意私下和解。只是孩子在金融業已經待不下去了，只能轉戰其他行業，重新開始。

過了一陣子，某天中午我閒來無事，信步走到四平街探望賣衣服的母親。我隨口向附近一位認識的攤販詢問李老先生的近況，他告訴我：「前幾天老李的兒子來了一趟，說老李去世了。」

我聽了十分感慨，一位勤奮的長輩竟這麼離開人世。我問明了公祭的時間，並找出在保險箱躺了許久的手錶，打算在公祭當天還給他兒子。

沒想到三天後，他兒子竟然先上門來拜訪了。他堅持要幫自己的父親付錢，當然被我拒絕，推拉了一陣，最後拗不過他我只好說：「既然你堅持，我也只能接受，不過利息不用付。因為當初的利息已經被我吃到肚子裡了。」

接著我們聊了起來，李先生說說：「我從小就知道自己的身世，要是沒有爸爸，我不可能活到現在。他自己不認識字，所以一心希望我好好讀書，每天不論晴雨都出門做生意，就是為了我，可是我卻讓他失望了。」說著他眼眶跟著濕了，我也為之動容。

我告訴他：「當初你爸爸來當錶的時候，雖然十分傷心，可是他相信你的本性善良，只是不小心走錯了路，他始終覺得你是他的驕傲啊。」

後來聽說李先生離開金融界之後，轉戰上海的房地產事業，並且做得有聲有色，可見只要一個人能痛改前非，終究還是能東山再起。

回頭看李老先生的一生，可說是既蒼涼又美妙。雖然他來到台灣舉目無親，生活在違章建築中，靠著賣大餅維生，一輩子與榮華富貴無緣，但是他二十多年前在公園裡停留的五分鐘，讓一個弱小的生命得以延續，他的生命價值也從此變得更加不凡。

我又想起當初李老先生來典當時，可能曾想過這支錶最終還是要由孩子贖回，才能讓父子情誼延續下去。李老先生雖然只留下一支破舊的手錶，對兒子來說卻是無價的回憶和警惕。

只因一段山東口音，讓我接觸這份珍貴的父子之情，緣分的奇妙實在耐人尋味。

根存 甲 №007085

一張當票的啓發

人的緣分怎樣也說不準，有惡緣、也有善緣，但只要以善意爲出發點，便能締造善緣。而人不論出身高低，或是富貴與否，只要願意眞心付出，人生隨時可能創造奇蹟。一個簡單的起心動念，也許就是美妙世界的開端。

贖回

第九張當票：典當霸凌

大 當 千

台北市當舖業當票 甲 № 007085

林〇〇先生小姐	當物內開	貸金	當入日期
	舊霸凌事件壹件。	新臺幣參佰元整	民國九十三年〇月〇日
大千當舖		利息未扣	滿當期限：九十三年〇月〇日

憑票取贖　謝絕看貨

本舖每月第二、四星期日公休

◎營業時間：上午九時起 下午十一時止

地　址：台北市中山區〇〇路〇〇〇號

電　話：1 2 3 4 5 6 7

開門做生意的，難免都需要與人交流，雖然是營利爲上，但有些時候還是要講求點情面才行。例如，若是附近的街坊鄰居爲了一時方便來我店裡當東西，萬一典當期限到了，他們資金籌措不及無法贖回，我也總是盡可能給予方便，讓他們按月繳息、延長典當時間。而有些人則是因爲事業忙碌，連繳息的時間都騰不出來，便找自己的孩子跑腿，其實這是不合規矩的事，但我還是會通融一下。

不過老實說，看著穿制服的孩子走進店裡，我心裡總有點疙瘩，畢竟出入當舖的分子龍蛇混雜，對孩子容易產生不良影響，我多少有點顧忌。

因此若是遇上來繳息的孩子，我常跟他們說：「回去勸勸爸爸，下次不要再讓你來了，讓媽媽來不是比較好嗎？」但他們每個人的答案都是一樣：「媽媽也在忙。」甚至有些孩子進門次數多了，還會老氣橫秋地討價還價：「我爸爸繳息繳了這麼久，難道不能打個折嗎？」我聽了只能笑著搖搖頭。

某天，就讀國中一年級的林同學再次上門幫爸爸繳息，我看了他遞過來的單子，說：「三百元。」誰知林同學竟開始掉眼淚，邊哭邊說：「秦叔叔，我把錢弄丟了。您可不可以先借給我？」我看他哭得傷心，卻不像是因爲掉錢而哭泣，倒像受了委屈，而且身上有些傷痕，似乎另有隱情。於是我好聲地問：「是不是你爸爸沒給你錢？還是掉在別的地方？」林同學搖了搖頭，還是止不住淚水。我安慰他：「沒關係，我可以幫你出錢，但是你要告訴我到底發生了什麼事。」

他支吾了半天，才終於說出是幾位三年級的學長聯手打了他一頓，並搶走了三百元，還威脅他下次要再給三百。我問：「你什麼地方得罪他們？有沒有報告老師？」他回答：「沒有，學長只說看我不順眼，如果報告老師，我會被打得更慘，我也不敢告訴爸爸。」

此話讓我聽了火冒三丈，想起以前念書時在學校廁所或角落上演的霸凌戲碼。其實青春期的孩子個性暴躁，打架鬧事很常見，但是搶錢勒索又是另一回事。我跟他說：「別怕，我陪你去跟爸爸解釋。」於是帶著他走出店門。

林同學的父親林老闆平時在長春市場擺攤賣雜貨，看到我和他兒子一塊出現時，有點丈二金剛摸不著頭。等他知道錢被搶了，二話不說扯過孩子，劈頭便是一頓好打，邊動手邊罵：「怎麼這麼笨？連繳個錢都能把錢搞丟！」我趕緊拉住林老闆，勸他先不要激動，林老闆忿忿不平地說：「我明天一定要去學校跟老師問個清楚。」我看林老闆決定出馬，自然把這件事擱下了。

一個月後，林同學又來繳息，這回少了一百元，我問：「是不是又發生了什麼事？」他頭低低地說：「上次爸爸去學校後跟老師報告後，這些學長被學校處罰。可是當天下午他們堵到我，依然打了我一頓，還要我再交三百塊。我根本沒有錢，只好從家裡偷拿。今天他們又要我給錢，我拜託他們絕對不能動這筆錢，但是他們照樣抽走一百元，還要我小心一點。」我心想，如果這次又是先讓林老闆知道的話，林同學肯定又被揍個鼻青臉腫，而且恐怕事情仍舊無法解決。我琢磨了一會兒，告訴林同學說：「這樣吧，你明天放學來找我，帶我去看看這些學長到底是何方凶神惡煞。」

第二天下午，林同學依約領我到學校附近，指著一群在路口抽菸的高年級學長說：「就是他們。」我定睛一看，咦？這些不是附近鄰居的孩子嗎？其中帶頭的姓王，我跟他開計程車維生的爸爸熟得很。印象中這孩子十分乖巧，怎麼在學校變身虎豹小霸王呢？

我走到這群孩子面前，直截了當地問：「喂，你們爲什麼要欺負他？」他們原本準備先飆幾句三字經，一看是我，全部不敢講話，帶頭的王同學撇撇嘴說：「這不關你的事啦！」我說：「不關我的事？你們搶去的錢都是我的！連我的錢你們也敢動？」幾個孩子面面相覷，沒人搭腔。我又問王同學：「你爸爸知道你勒索同學嗎？」王同學不屑地說：「我爸爸才不管我。」我正色說：「這沒什麼好得意的，要是等到別人來管你，事情可大條了。」王同學一臉不耐，向同伴吆喝：「哎，沒意思！走啦走啦！」這群人一哄而散，留下滿地的菸蒂。

我心想，如果這次沒有好好解決，未來同樣的戲碼肯定會不斷重演，而且受害人肯定不只林同學一個。因此當天晚上，我直奔王同學的住處，王爸爸剛好就在家。王同學開門看到是我，惱羞成怒地喝問：「你來我家幹嘛？」我故作輕鬆地說：「我找你爸爸聊聊天。」王同學沒理由阻止我，只能讓我進門，自己氣呼呼地衝進房間。

當我跟王爸爸說明王同學在校的行徑時，他氣得立刻就準備挽袖子打小孩，我趕忙阻止他說：「你動手也沒用，我希望讓他知道這樣是不對的。如果兩個小朋友因為互看不順眼而打架還講得過去，但是勒索久了會食髓知味，後果不堪設想。這件事要嚴辦，不能用勸的。」王爸爸問我：「不能打，不能勸，還有什麼好辦法？」我低聲說：「我跟長春派出所的警察很熟，找機會演齣戲，把他們抓到警察局假裝修理，嚇嚇他們。但是要改天行動，不然容易被發現破綻。」王爸爸點頭同意，我便著手聯絡相熟的警察，同時也請學校老師通知相關的家長。

過了幾天，警察準時登場，大陣仗地跑進校園，把這票勒索的孩子統統抓進派出所。這群小孩子原本不知天高地厚，但一進了派出所氣勢便短了一截，等到老刑警先狠狠地拿出棍子揍了每個人的手心，煞煞他們的銳氣之後，便再也沒有人笑得出來。

接著家長陸續到場，我也出席旁觀。警察質問這些孩子為什麼勒索？他們辯稱林同學欠他們錢，我忍不住問：「不對啊！你們是學生，大家都沒錢，如果他缺錢，為什麼要跟你借？而且你哪有錢借給他？現在鬧到警局已經很嚴重，萬一你們再說謊，可能要關進感化院。」

幾個比較膽小的孩子原本就已經嚇得臉色發白，這下聽到可能要坐牢，當場哭得涕泗縱橫。這一哭，哭去了一層逞凶鬥狠，哭出了原本純真的模樣。承辦員警見到孩子頗有悔意，相互使個眼色，跟各方家長說要具結保證，下次絕不能再犯，算是給了台階下。而家長也順勢聲淚俱下，配合演出求情戲碼，結束了一場感化大戲。

這些孩子回到學校後，果然變得安分守己，但卻反而對我懷恨在心，因此三不五時就對著當舖櫥窗扔石頭。有天下午，我在校門口攔了一位他們的同學，麻煩請他帶個話：「回去告訴這幾個同學，下次他們敢丟石頭，我立刻放狗咬人，看是他們跑得快，還是我的狗跑得快。」自此之後，他們再也不敢經過當舖門口。

事情結束幾天後，另一個學校老師打電話給我：「秦先生，學校裡還有另一批桀驁不遜的孩子，是否能請你跟長春派出所聯絡聯絡，再演一次呢？」我笑說：「這招只能用一次，再演就不靈啦！」

根存 甲 № 007085

一張當票的啓發

校園霸凌往往源自於家庭教育，許多家長一聽到孩子犯錯，二話不說馬上動手，但其實這些舉動都會烙印在孩子的腦中，留下暴力的種子。而像是霸凌、家暴、外遇等負面行爲都是孩子複製學習的對象，初期時當事人會覺得不以爲然，但等到自己親手犯下錯誤時，卻又覺得理所當然。

因此爲人父母者應時時刻刻留意自己的言行，切勿留下不當示範，因爲「模仿」是孩子學習的根本，落入錯誤的無限迴圈，是人生最悲慘的事。

第二章

十一張生命體悟的當票

第十張當票：落難的王子

大 當 千

台北市當舖業當票 甲 № 007085

當 入 日 期	貸 金	當 物 內 開	
民國八十七年 ○ 月 ○ 日	新臺幣 拾萬元整	舊 方鑽戒指壹只。	陳 ○ ○ 先生 小姐
滿當 期限			
八十七年 ○ 月 ○ 日	利息未扣		大千當舖

本舖每月第二、四星期日公休

憑票取贖 謝絕看貨

◎營業時間：上午九時起 下午十一時止

地　址：台北市中山區○○路○○○號

電　話：1 2 3 4 5 6 7

這天晚上，我照慣例到自助餐店買了幾樣菜，回到辦公室準備吃晚餐。碗筷才剛擺好，就聽見大門被推開的聲音，有位客人走了進來。未見其人，先聞其味，一股印尼雪茄混著高級香水的濃烈味道直撲鼻而來，我探頭瞧了瞧，一位帶著雷朋太陽眼鏡的高大男子拖著四個大皮箱站在眼前，臉上掛著咪咪微笑。

他看到我便熱情地打招呼，自稱姓陳，我聽他的國語有東南亞的腔調，於是便問：「你是華僑嗎？」這一問他可開心了，手舞足蹈說了一大串，大意是他從馬來西亞來台灣玩、家裡很有錢、可是被人乾洗之類的，總之現在身無分文，希望跟我借錢買機票回馬來西亞。

假交通費之名行騙錢之實的人我遇多了，聽他這麼說，我直覺判斷又是一個騙子上門，所以毫不猶豫就斷然拒絕：「我們素昧平生，我幫不了你的忙。」他不死心地問：「如果我把護照當給你呢？」我啼笑皆非地說：「護照怎麼當？即使當了你也不能搭飛機啊！」陳先生聳聳肩，拖著皮箱喀啦喀啦地走出店門。

只是不一會兒工夫他又折回來，拜託我讓他打電話回馬來西亞求援。我想國際電話費頂多幾百元，便勉爲其難地答應。電話接通後，他對著話筒嘰哩呱啦地講了一串我聽不懂的語言，突然把電話遞給我說：「我姐姐要跟你說話。」

我半信半疑地接過來，話筒另一頭的「姐姐」同樣操著生硬的國語，問我可不可以出錢讓他弟弟買張機票回家？我說：「這怎麼行？如果是小錢無所謂，但是機票太貴了，而且我根本不認識你們。」說完我就直接把電話給掛了。回頭一看，發現陳先生竟一臉的神色自若、毫無愁容，一屁股坐上沙發，天南地北地跟我聊了起來。他笑著說：「老闆，我早上就被飯店趕出來，一天下來都沒吃飯，可不可以跟你一起吃？」我心想，你還真豁達。不過反正不過是多副碗筷而已，便點頭答應。

他一邊吃一邊還不忘介紹自己，他自稱是馬來西亞的拿督，家族從事木材進出口生意，這次從馬來西亞偷跑來台灣。他講得天花亂墜，但是我心裡偷笑，如果眞的這麼有錢，怎麼會窩在這裡跟我吃自助餐？雖然我對他的厚臉皮程度感到驚奇，但是他開朗豪爽的性格，的確不像是我過去所遇到的騙子。

拿督陳從六點一路坐到十二點，絲毫沒有要離開的跡象，彷彿把當鋪當成自己家了。我刻意看了看錶，意有所指地問他：「已經很晚了，你該不是要睡在這裡吧？」沒想到他竟開心地直點頭：「太好啦！秦老闆你人眞好！」我心想這實在太離譜了！但是眼下也沒有其他辦法，只好說：「睡我店裡可不像話。這樣吧，我帶你去前面路口的小旅館住一晚，其他事情明天再說了。」

隔天早上十點多，他老兄依舊提了四個大皮箱出現在店裡，我問他：「這裡面都是什麼東西？」他笑嘻嘻地回我：「都是特產。」我雙眼睜大，質疑著：「你買了這麼多亂七八糟的東西，卻沒有錢買機票回家？」但他還是一臉的嘻笑地：「沒辦法，錢都被騙光啦！秦老闆，如果我姐姐坐飛機來接我，可能要花上一兩天。你可不可以借我錢買機票，我回家以後馬上還給你。」

我心想，要是他一直藉故在我這裡白吃白喝待上幾個月，我肯定受不了。長痛不如短痛，一咬牙，於是我向旅行社的朋友買了一張直飛吉隆坡的機票，還借了一輛擺得下四個爆滿皮箱的廂型車，親自開車送他到機場。一到機場，拿督陳前腳才把行李拿下車，我沒等他跟我道謝，後腳立即踩下油門，趕緊擺脫這個天上掉下來的麻煩。至於還不還錢，我早已不抱任何希望。

一年多以後，有一天電話響了，電話那頭傳來一陣嘰哩呱啦的語言，我以為是打錯電話，隨手掛上。過了五分鐘，環亞飯店的大堂經理打電話來，我問：「有何貴幹？」他說：「秦先生，有位海外的陳先生想要請您吃飯。」我說：「海外的陳先生？我不認識這號人物，沒什麼好見面的。」請求了半天，最後大堂經裡只好問：「秦先生，請問貴店的地址在哪裡？」我隨口報上地址，大堂經理在電話那頭直說：「好的，請您稍待片刻，我們馬上就到。」

半個小時後，我正在門口透透氣，只見一輛環亞飯店加長型禮車徐徐開來，停在我的店門口，後座車門打開，一股似曾相識的雪茄和香水混合香味先是襲來。三、四個男子分別下車，從穿著打扮觀之，應該是飯店的管家或經理之類，最後下車的男子身型高大，定睛一看，這不是一年多前白吃白喝的拿督陳嗎？他熱情地跟我握手，我只能滿臉堆笑地回握，但心裡卻驚魂未定地想著：「又要來騙吃騙喝？」

我請一行人到辦公室裡喝茶，半開玩笑問他：「這次你該不會又被騙了吧？」他呵呵笑著說：「放心，這回我有萬全的準備！」聊天之餘，我藉機詢問隨行的管家，探探拿督陳的虛實。

我問：「這小子來了多久？」他說：「來了兩天。」接著又補上一句：「他是個瘋子。」這一說我反而好奇了：「怎麼說？」管家刻意低聲說：「飯店附近有一間大富豪酒店，這傢伙連兩天晚上包場。這就算了，凌晨兩、三點回到飯店時，還帶上十幾二十個小姐，一行人吵吵鬧鬧到房間裡繼續玩！沒見過灑錢灑成這樣的人！」看起來拿督陳眞的有些經濟實力。

離開前，拿督陳不忘要還我錢的承諾，不僅把機票錢給了我，又送了一個據說價值不斐的馬來西亞紀念品。接下來的四、五天，拿督陳不斷地邀我吃飯喝酒，我心想這個人太過瘋狂，還是保持距離以策安全，便以工作忙碌爲由婉拒了。

沒想到一個禮拜後，環亞飯店大堂經理竟再次來電：「秦先生，陳先生今天中午應該要退房，可是現金不夠，欠了八萬多元，希望找你幫忙。」我心想該來的還是會來，本想一口回絕，但是忍不住問：「他到底怎麼住的？居然可以一個禮拜花八萬多？」對方解釋：「秦先生，陳先生住的是總統套房，不是總共八萬多，而是他付了二十萬之後，還差八萬多！」這一聽，更讓我覺得這回肯定不能再出面了，便藉故匆匆掛了電話。

過了五分鐘，電話又響，這回換拿督陳親自打給我，並苦苦哀求我務必去一趟。我拗不過他，終於還是搭了車到環亞大飯店。一進到他的房間，只見四、五個小姐橫七八豎地躺在客廳沙發上，往房間一看，床鋪上還睡著三、四個。皮包和高跟鞋扔了滿地，桌上盡是歪倒的酒瓶和殘羹剩肴。拿督陳一頭亂髮，胡亂套著衣服，焦急地翻著皮箱，喃喃叨念著：「奇怪，還有一疊美金怎麼不見了？」毫無前幾天意氣風發的霸氣。大堂經理站在一旁冷眼旁觀，不時提醒退房時間要到了。

拿督陳眼見找不出錢，只好向房間裡的小姐求援：「我昨天給妳們不少小費，能不能先還給我？我下次來台灣加倍補給妳們。」這些小姐一聽，到手的錢財豈有吐回之理，胡亂抓起衣服皮包，蹬上高跟鞋便一哄而散。只剩拿督陳、大堂經理和我面面相覷。

拿督陳向我投以乞求的眼光，沒等他開口我就直接打斷他：「絕對不可能！你來了兩次都要我先墊錢，上次一萬多，今天八萬多，我又不是開善堂，這樣下去我哪裡受得了？」豈料拿督陳說：「不用，我家在馬來西亞開了好幾家當舖，我知道當舖的規矩，借錢不能白借，一定要抵押。」說完便從手上除下一枚大鑽戒：「這枚戒指就當十萬吧！」我狐疑地接過，這是一顆罕見的大方鑽，色澤剔透得出奇。只是以前的車工沒有這麼好，方鑽的抛光應該不會這麼漂亮，該不會是假的吧？我不敢憑肉眼妄下斷語，便說：「你跟我一起去當舖，我開張當票給你。」大堂經理怕拿督陳腳底抹油開溜，也跟著我們搭車回到店裡。

我的店裡擺了兩個鑑定鑽石的專業儀器，過去幫我分辨了不少上門的騙子，只要簡單一測，眞假立現。我先拿出導熱儀，一測竟是眞的！當下我以爲機器故障了，再用另一台折光儀測試，居然也是眞的！我趕緊問拿督陳：「這個鑽石多大？」他蠻不在乎地說：「大概有十幾克拉。」什麼！這麼大的鑽石我一輩子沒見過！他接著說：「當初花了五十萬美金買的。」我聽了更是吃驚，結結巴巴地問：「這……我看光是鑽台的作工就要二十萬台幣，這都還沒算到旁邊裝飾用的小鑽。你只當十萬，這樣對嗎？」他笑說：「沒關係啦，先回馬來西亞比較要緊，而且多的台幣我帶回去也沒用，反正回家就有錢了。」我又問：「按規矩，我只能幫你保管三個月，你下次什麼時候再來？」他回：「大概半年到一年以後吧！」我說：「如果到期了，變成流當品你放心嗎？」他擺了擺手直說：「沒關係啦！反正我家裡還有好多。」既然他這麼豁達，我便數了十萬元，連同當票交給他。拿督陳付清了房錢，抽了五千塊給司機當小費，開開心心地坐車前往機場。

等了三個月，拿督陳果然沒上門來贖回，不過半年後，他卻帶著他的姐姐再次來訪。而且這回陣仗更大，一行人搭著馬來西亞辦事處的專車到我的店裡。我特別保留了他的鑽戒，將戒指還給他，他的姐姐則送我一個珍貴的透明玳瑁標本，並約我吃飯，說要謝謝我前兩次的協助。席間她提到家族的來歷，原來他們家是馬來西亞世代相傳的貴族，家族擁有好幾座森林，政經影響力龐大。她父親娶了四個太太，共有十六個孩子，她是大姐，陳拿督是老二，其他均是女孩子。父親把家業傳給了大姐，希望她能好好照顧弟弟。

我問她：「老實說，拿督陳的個性像孩子一樣好相處，可是他花錢的方式實在太離譜了，這樣的行爲模式是怎麼養成的？」

她姐姐苦笑說：「他是家裡的獨子，爸爸自然寵他。以前他還交代我，弟弟隨便玩都無所謂，唯一條件是不能離開馬來西亞，因爲我們家在馬來西亞有錢有勢，惹了再大的麻煩，總有辦法擺平。所以他每次出門都玩得非常誇張，被騙、掉錢什麼的還是小事。可是時間一久，馬來西亞和新加坡都玩遍了。爲了找刺激，他才瞞著家裡，買張單程機票偷跑到台灣來。第一次來什麼都不懂，錢馬上被騙光了，才會請你幫忙買機票送他回來。

「我弟弟本性不壞，也很聰明，但是不知道天高地厚。他曾經因爲跟朋友打賭進入新加坡不需經過海關，於是開車衝撞馬來西亞和新加坡的邊境海關。後來被新加坡警方逮捕，原本判了鞭刑，幸好在爸爸大力奔走以及家族庇蔭之下，事情才壓了下來。」

我愣得半天說不出話，問她：「他這麼無法無天，有沒有辦法管一管？」她姐姐聽了無奈地說：「我們想過很多辦法，之前以爲結婚後他會安分一點，誰知道娶了三個太太，他還是我行我素……」

「三個太太？」

「對啊！」她指了指隔壁桌同行的三位女性，「這三位都是他的太太。不過，他快要娶第四個了，這一回的對象是伊斯蘭教教長的女兒，」她壓低聲音說：「我沒告訴我弟弟，這個教長很有勢力，而且作風嚴謹，這下子，我弟弟應該跑不出馬來西亞了。」這些事情聽得我瞠目結舌。

或許是伊斯蘭教教長眞的有本事，從此之後，我再也沒見過拿督陳上門來。但過了兩年，有天他突然打電話給我，我嚇一大跳，直覺他又捅了簍子，但他在電話那頭卻語氣熱切地說：「秦先生，我結婚以後都沒機會離開馬來西亞，好無聊啊！乾脆你來馬來西亞吧！只要到了馬來西亞，所有行程都我招待。我家離機場很遠，搭車很麻煩，乾脆我派直升機去接你！」我聽了連忙趕緊敷衍他：「好呀。可是我最近工作比較忙，有機會再說吧！」這個傢伙行事這麼離譜，我很擔心如果眞的去了，說不定會出個什麼無法收拾的問題哩！

根存 甲 №007085

一張當票的啓發

這則故事看起來雖然有趣，甚至有點不可思議，但卻是眞實發生在我的身上。有的人天生好命，豪奢的程度令人無法想像，他們的生活甚至比電影情節還要誇張。偶爾碰上這樣的朋友，可以爲生活增添不少色彩，但是每個人都有自己的命，可不能見了就想模仿。遇到這樣的人，更應該反過來清楚體認自己的境況才是。

第十一張當票：蔣介石總統的手槍

大 當 千

台北市當舖業當票 甲 № 007085

當物內開	貸金	當入日期
舊 白朗寧手槍壹把，子彈陸發。	新臺幣 貳萬元整	民國六十五年〇月〇日
	利息未扣	滿當期限：六十五年〇月〇日

曹〇〇 先生／小姐

大千當舖

本舖每月第二、四星期日公休

憑票取贖 謝絕看貨

◎營業時間：上午九時起 下午十一時止

地 址：台北市中山區〇〇路〇〇〇號

電 話：1 2 3 4 5 6 7

我的學徒生涯是從在過去的知名當舖「萬利當舖」開始的。記得剛到店裡的時候，只能從掃地、搬貨、包衣服的打雜做起。但在每天的例行事務中，我偷偷觀察老闆與客人的應對進退，揣摩專業經理人的氣度，逐漸才累積出經營當舖的基本工夫。

當時有許多上門的客人都是隨著國民政府撤退來台的高級將領，他們原本是權傾一時的達官顯貴，可惜到了台灣以後，因爲不再位居要職，影響力銳減，收入不比從前，最後迫於經濟的壓力，只好將珍藏的古董文物拿到當舖換錢。

因此，我有幸接觸到一般人想都不敢想的國寶，也看盡了人生的興衰，其中讓我念念不忘的人物，莫過於末代貴族——曹將軍。

曹將軍是出身於廣西地方貴族，家族擁有私人軍隊，在廣西可以說是呼風喚雨的大家族。曹將軍在年輕時曾到保定軍校接受專業軍事訓練，因爲當時黃埔軍校還沒成立，所以保定軍校可以算是軍事學校的最高學府，在那個時候比蔣介石念的日本士官學校還有分量。

軍校畢業後，曹將軍承接家族的軍隊，在軍事理論和實際武力的結合下，勢力更是發展得非常快速，沒過幾年儼然已經成爲廣西不可忽略的軍閥。再後來，曹將軍因爲響應了蔣介石的北伐，在全國統一之後還官拜軍團司令，威風程度更是不可一世。當時政壇上的大人物看到他，都要尊稱他一聲：「曹老。」影響力可見一斑。

民國三十八年，曹將軍隨著國民政府撤退來台，擔任國大代表一職，還有一個專屬的勤務連照應生活起居，即使編制沒有上百人這麼多，但是不論伙房兵、勤務兵、駕駛兵，還是警衛等等，無一不缺。每次出門時，曹將軍都搭著以前日本總督的配車，雖然已經七、八十歲，可是精神旺健、紅光滿面，身上流露出軍人的威風氣勢，不論走到哪裡，都是眾人目光的焦點。

曹將軍出身富貴，性好玩樂，在台北娛樂圈威名遠播，政商名流都要讓他三分，據說以前國劇名角顧正秋在永樂戲院唱經典作品「蘇三起解」時，現場座位一票難求，曹將軍竟然可以跟蔣經國搶頭等座位。而且不論是捧明星、投資電影，他從不缺席，甚至有傳言他包養了當時鼎鼎有名的女影星，可以想見出手多闊綽。

不過，即便曹將軍過去的資歷再顯赫，但是來到台灣之後，因爲大環境變動太多，再加上時間的遷移，所以他在政治圈也漸漸失去了原有的影響力，開始沒有人願意搭理他。

可是他講究排場的性格卻始終沒改，加上妻妾成群、部屬眾多，可想而知每天的開銷多麼驚人，但眞正的收入卻只有一年兩次的國大代表出席費，要拿來支應奢侈的生活方式，實在是杯水車薪。

所幸因爲曹將軍過去擔任不少要職，因而蒐集了不少珍奇古物和金銀財寶，只好三不五時拿個國寶或是金條來當鋪借錢。每回他出現時，總是穿著上等衣料製成的禮服，拄著雕工精細的拐杖，抽著進口的雪茄，始終沒放棄外在的風光。

曹將軍拿來當的寶貝太多了，每一件都讓我們大開眼界，我記得他曾經當過一把深具歷史意涵的武士刀，是日本侵華中國派遣軍總司令岡村寧次在中日戰爭投降時所獻的。這把刀被當到當鋪後，最後因爲曹將軍無力贖回，只好轉賣給日本富豪，當日本富豪把刀抽出來檢查時，一瞬間滿室生寒，室內溫度彷彿瞬間掉了兩度，令人汗毛直豎，我第一次見識到武俠小說中所說的劍氣是眞有其事。

另外，他還來當過兩千五百多年前的古物——吳王闔閭劍。劍匣中還附有大學教授蓋章的佐證文件，證明來歷不假。這柄劍收到庫房之後，當天晚上我們一群學徒在庫房門口睡覺，竟聽到門後傳來奇怪的聲音，起初我們以爲是老鼠作亂，於是走進庫房檢查，後來發現聲響居然是從劍匣中傳出。

我們趕緊請教見多識廣的老朝奉，老朝奉沉思了一會兒解釋道：「一般古物多少有些靈性，這是傳說中的『劍鳴』，表示最近會有事情發生。」果不其然，第二天就有人上門把闔閭劍買走了。

其實典當骨董不稀奇，當時從大陸撤退抵台的達官顯貴多少都收藏了一些，一有急用便會帶來當舖變現，我們天天看個一、兩件，日子久了也習以爲常。但沒想到曹將軍總有新鮮貨，有一天，他竟帶了一把白朗寧手槍上門。

照理講，當舖是不能收槍械的，一般人更不可能持有，可是此槍卻大有來頭。這原本是當年一外國使節贈送給蔣介石總統，爾後再由蔣總統轉贈給曹將軍的槍。手槍保存在一個精雕細琢的木盒之中，內附六發子彈，槍柄鑲著象牙裝飾，還有一張蔣介石親手寫的便箋，註明「本槍供曹兄防身自衛使用」。

這薄薄的一張紙等同於總統親頒的擁槍執照，所以曹將軍可以帶著這把槍光明正大地四處遊走。

店內夥計看到槍都不知如何是好，老闆倒是氣定神閒地在當票上寫明「白朗寧手槍壹把，子彈陸發」，隨手就拿了兩萬元給曹將軍。

幾天後，附近的警察到店裡例行查贓，隨意地翻閱帳本，赫然發現帳目上竟有「手槍」兩字，驚訝地問老闆：「你們店裡怎麼會有槍？這是犯法的啊！趕緊拿出來！」只見老闆不急不徐地轉身回庫房，不一會兒工夫拿著槍盒走向警察，連同總統便箋一起遞到警察眼前，警察一看便箋上的字，「唰」地一下臉色大變，連忙搖手說：「就當我什麼也沒問、什麼都沒看到！」說完就一溜煙地跑掉了。

雖然曹將軍靠著變賣收藏品維生，不甚光彩，但如果能節吃儉用，其實安享晚年也不成問題。可惜由奢入儉難，他拉不下臉過簡樸的生活，還是硬要維持舖張的排場。漸漸地值錢的寶物變賣光了，甚至連上將的戎服、軍刀，甚至勳章都拿來借錢。到最後，原本幫忙開車做飯的部屬也一個個離開了他，而原本最親的家屬不是出國，就是失去聯繫，不在身旁。

曹將軍的生活愈過愈困難，他一輩子由別人服侍，怎麼也沒想到自己九十多歲時落到幫自己燒飯。我更曾親耳聽他跟我的老闆抱怨說，他非常痛恨自己年紀一大把，身子骨卻還硬朗，眼睜睜地看著自己的日子一天不如一天。

幾年後，我意外地在報紙上看到曹將軍自殺身亡的消息，不勝唏噓，他曾經貴爲司令，一呼百應，沒想到幾十年後成爲沒落的貴族，客死異鄉。富貴如浮雲，來則來，去則去，當初蔣總統親賜的白朗寧手槍，沒想到可能就是他用來結束自己生命的手槍。

根存 甲 №007085

一張當票的啓發

人生沒有永遠的順遂，富貴也如浮雲，就像那些在大時代裡原本呼風喚雨的人物，因爲不曾爲了逆境做準備，因此在經過物換星移之後，往往落魄江湖，晚景淒涼。

人生的機運是自己無法掌控的，面對起落更應該以謙卑的態度去面對。如果一個人能在順境時能夠累積特別的能量或修爲，當生命中的轉折來臨時，就有機會安然度過，並開創另一番新的契機。

第十二張當票：王董的鼻煙壺

大 當 千

票當業舖當市北台 甲 № 007085

	當物內開	貸金	當入日期
王〇〇 先生/小姐	舊 鼻煙壺壹只。	新臺幣 貳仟元整	民國 六十年 〇月 〇日
大千當舖		利息未扣	滿當期限：六十年 〇月 〇日

本舖每月第二、四星期日公休

憑票取贖　謝絕看貨

◎營業時間：上午九時起　下午十一時止

地　址：台北市中山區〇〇路〇〇〇號

電　話：1　2　3　4　5　6　7

早年進出當鋪的人，很多是流氓混混，或者是窮途潦倒的人，因此在當鋪裡我甚少看到格調氣質高尚的人出入，但在我當學徒的時候，卻有一位客人讓我印象深刻，我們都稱他「王董事長」。

王董事長氣宇非凡，每回出現時總是西裝筆挺，戴著英國禮帽和金框眼鏡，嘴裡叼著菸斗，手裡拄著拐杖，開口略帶些上海腔，身邊還有跟班隨侍在側，活脫脫像是個英國爵士。

只要是王董來店裡，夥計都不敢造次，就連天不怕地不怕的老闆也對他畢恭畢敬。其實，王董事長並不缺錢，只是常常當些字畫、鼻煙壺這類的小收藏品，金額不多，據說是跳舞時打賞舞小姐用的零花錢。我不只一次問老闆：「王董事長從事什麼行業？」但老闆總是不耐煩地揮著手說：「董事長就董事長嘛，幹什麼問這麼多？」

有一天下午老闆外出打麻將，回到店裡才發現公事包給忘在公車上了。當年大眾運輸系統的服務不比現在，如果財物掉在公車上，要物歸原主可是難上加難。正當大家在幫老闆想辦法時，老闆卻優先撥了通電話給王董事長，邀請王董事長來喝茶，我們心裡嘀咕：「東西掉了不趕緊找，怎麼還有閒工夫請王董喝茶呢？」電話講完之後，老闆不僅原本焦急的心情舒緩許多，也不急著找公事包了，我們又是一陣納悶。

第二天，王董氣定神閒地進了當鋪，老闆連忙敬茶，並說明前一天搭十五路公車遺失公事包的事由。

王董簡單問明公事包的外型和內容物，爽快地說：「行，這事兒我給你辦了。」他順手撥了通電話，簡單指示一番。一個小時以後，一個年輕人汗流浹背衝進店裡，見到王董立刻遞上一件物事說：「董事長，就是這個，絕對不會錯。」

定睛一看，果眞是老闆昨天掉的公事包，而且夾層裡的東西和錢絲毫沒少，老闆接過公事包千謝萬謝。我們在旁邊看了，還以爲神仙降世，驚訝得嘴巴都合不攏。接著，王董順手拿出一張當票，要贖回前些日子當的鼻煙壺，老闆馬上跑進庫房取出貨品，還一邊連忙說道：「這次不收利息。」我一聽再次傻眼，畢竟我跟著老闆這麼久，從沒聽過他不收利息。

等王董一走，在場的夥計再也忍不住的好奇心，紛紛猜測他爲何如此神通廣大？按理說在公共場合掉東西，早被人拿走了，怎麼可能拿得回來？而且王董如何知道包包在誰手上？老闆經不住我們一再地詢問，才說出王董事長的眞正來歷：原來他是近代最有影響力的幫會——青幫的大老。

當初國民政府轉進台灣之時，原本在上海活動的青幫分子也跟著一起渡海前來。幫裡每一門生意各有不同的負責人，而王董事長就是扒手幫的龍頭老大。別的地方不說，光是台北市就有一百多個手下得聽他號令。舉凡公車、電影院……只要是人多的地方，都是他們的天下。

聽了這番話，我們都覺得不可置信，因爲以王董事長的派頭來看，完全是上流人士，跟印象中鬼鬼祟祟的扒手形象天差地遠。

老闆接著又說：「王董的地位不只是扒手老大，還是扒手的祖師爺，所有扒手不論扒到什麼東西，他只要一聲令下，就能全盤掌握。」想不到一個小小的公事包，竟引出了一個老幫主。

後來，王董事長年紀漸長，個性變得比較溫和，因此也開始常來店裡跟我們這些年輕人聊天。我們好奇地問王董，當年怎麼會選擇扒手這一行？

王董說：「幹這種下九流的事業可不是我自願的。當年在上海有很多逃荒的人家，養不起孩子，便把小孩丟在路旁，任其自生自滅。如果孩子凍死或餓死算是命不好，要是遇到好心人肯帶回家養，就是天大的福氣了。加上抗戰和內戰時期，到處都是逃難的群眾，許多孩子被棄養或是跟父母走失了，流浪兒有增無減，有些組織專門在路上撿孩子，帶回去訓練成扒手。從小讓他們出門作案。

「因爲大家對孩子比較沒有戒心，下手的成功率較高。不論扒到什麼，統一交給師傅分配，沒有人敢私藏。如果被抓到警察局，師傅領回來肯定一頓好打，打完以後再教如何下手才能躲過警察，所有人都是在棍子下練出一身本領，最後扒東西扒到神不知鬼不覺。

「說起來我也是在馬路上生的，人家養活我，就是爲了要我當扒手，否則我早餓死了。一開始我以爲扒手跟其他的行業沒有兩樣，等到我知道原來扒手並不是正經營生時，手下已經有一百多人了，可是我能怎麼辦？總不能跟大家說：『我們就地解散，大夥兒從良吧！』就這麼一路幹下來了。」

王董事長進了青幫之後，冒著生命危險幹過幾件轟轟烈烈的大事，每次都能全身而退。而且他敬老尊賢，注重義氣，要是弟兄出了事，他還會每月發放安家費，漸漸在幫裡建立威望。而對外的交際手腕他也不含糊，不論是跟其他幫會談地盤，或是巡捕房要找人頂罪，他總能處理到各方滿意。

漸漸地，手下高達四、五百人，於是他重新劃分地盤勢力，指派資深幫眾擔任各區域的負責人，領著年輕一輩討生活，建立只准扒，不偷、不搶、不越界作案的行規。在上海可說叱吒風雲，頗有地下司令的味道。

到了台灣之後，雖然人生地不熟，但是他憑著過去累積的經驗，不出幾年，原本日據時代的扒手幫都被王董收編了，成爲獨霸全台的扒手祖師爺。

雖說青幫屬於幫會組織，但是白道亦不乏青幫成員，他們的輩分多在王董之下，見面仍要敬他三分，所以王董的地位與日俱進。早年監視器還不普及，如果發生找不到目擊者的社會案件，爲求破案，有些警察會詢問青幫頭目，手下的兄弟是否看到可疑人士出沒？因爲扒手要隨時觀察周遭群眾的舉動，往往能注意到一般人忽略的犯案跡象。所以時間一久，就連警察都對王董客客氣氣。

雖然這位武林奇葩出身寒微，但是他能讀書、擅寫字，處事有方，氣勢恢弘，完全沒有扒手的氣息。即使王董事長的手下從事不良勾當，見了他還是得恭敬地連大氣都不敢喘一聲。只要王董事長打通電話要東西，馬上會有人在時限內送達，一毛錢也不會少。

或許王董事長走的不是正道，但是我從他身上學到「一日爲師，終身爲師」的倫理觀念。在過去，不論是唱戲的、賣藝或是賣藥的，一生都得服膺師徒制，倫理長幼的觀念非常的重；而我的店址就開在龍蛇混雜的地區，正因爲如此，所以更能體會傳統價值的可貴。

根存 甲 №007085

一張當票的啓發

近幾年來，有許多學生毆打老師的事件發生，雖然科技愈來愈進步，但是尊師重道的基本倫理，卻是逐漸式微。過去的江湖中人尚知要感恩圖報、敬重師長，何況是從事正當行業的你我呢？古語云：「三人行必有我師焉。」老師並不只存在於學校中，只要用心感受，任何人都有其值得學習之處。

因此我們得時時對周遭的人懷著感恩之心，借由別人的經驗，提升自我生命價值。

第十三張當票：蒙塵的將星

大 當 千

台北市當舖業當票 甲 № 007085

當入日期	貸金	當物內開	
民國九十年〇月〇日	新臺幣 參仟元整	舊 金質將星貳枚。	蔡〇〇 先生 小姐
滿當期限 九十年〇月〇日	利息未扣		大千當舖

本舖每月第二、四星期日公休

憑票取贖 謝絕看貨

◎營業時間：上午九時起 下午十一時止

地 址：台北市中山區〇〇路〇〇〇號

電 話：1 2 3 4 5 6 7

今天當舖來了一個看來面生的人，感覺是初次進當舖。他說自己姓「蔡」。才進門就一口氣當了幾支手錶和好幾件金飾。

雖然穿著便服，但從挺拔的體態和講話的氣勢觀之，職業軍人的架式表露無遺，於是我問：「蔡先生，你應該是個軍人吧？」他乾笑了一聲，回我：「老闆，你的眼力眞好，我去年才升了少將。」他這一說，我反而好奇了起來，我接著又問：「既然升了將軍，怎麼會來當這麼多東西？」他無奈地回答：「我被長官出賣了，被扯進最近鬧得沸沸揚揚的軍中弊案。爲了還親友湊的保釋金，向朋友借了不少錢，只好把家裡値錢的東西拿來變現，多少先還點債。」這話匣子一開，蔡將軍道出了軍旅生涯的最大憾事。

蔡將軍從小嚮往部隊生活，立志當將軍。初中畢業後便就讀陸軍幼校，升上陸軍官校以後努力不輟，終以第三名的優異成績畢業。分發到部隊之後，不論大小任務，他都全力以赴，「苦幹實幹」四個字與他畫上了等號。

果然不出五年，蔡將軍所帶領的連隊成了國軍模範，當選了全國莒光連隊。高層長官對蔡將軍的能力讚不絕口，於是將他調到高層單位。即使前景一片光明，蔡將軍卻不因此志得意滿，依然孜孜矻矻面對所有事務。

他認眞負責的態度受到長官和同袍的激賞，所有人都看好他是明日之星，而蔡將軍也對自己深具信心。但到最後，他卻只接任了某指揮部的副指揮官，官拜上校，頂頭上司是一位少將指揮官。蔡將軍不明白，自己每日勤奮不懈，表現堪稱完美，爲什麼始終就是升不上將軍？

後來他才慢慢理解到，原來在國軍部隊中，依照出身經歷，可粗分兩派人馬。一派俗稱「拿槍的」，專指從基層實兵單位歷練出身的軍官，特色是做事踏實、工作能力強；另一派則是俗稱「提包的」，專指那些高階長官的侍從官、聯絡官、行政官等幕僚出身的軍官，他們在基層單位的經驗較少，但因爲長期跟高層將官打交道，公關能力自然不在話下，所以獲得高升的機會也自然較高。

蔡將軍講著講著，忍不住發了牢騷：「我那位指揮官正是『提包的』，他別的本事沒有，就是政治手腕高強，專門跟各方打好關係。」

又過了一陣子，他上頭的指揮官有機會升上中將，主官職位即將空出，他終於又有升官的機會了。就在某天下午，指揮官特地將蔡將軍叫進辦公室，好好地「曉以大義」一番，他說：「論年資，我們可以算是同期同學。當初在官校裡，你是堂堂第三名畢業，我可能是吊車尾勉強過關。但是現在我卻成了你的長官，你看，人生不是很有趣嗎？」蔡將軍聽了這番挖苦，心裡自然不是滋味，指揮官又說：「你明明能力很強，但是混了這麼久，還是個上校。在我看來，你之所以升得這麼慢，就是因爲你太呆，很多事情不知變通。」

蔡將軍聽了此話心頭更火，正想反唇相譏，只是指揮官突然話鋒一轉：「但是我今天不是要說你的待人處事有問題，畢竟我要升官了，大家好聚好散。不過，只要我一句話，保證你可以接下指揮官的位置，立刻升上少將。就看你願不願意配合？」

蔡將軍聽到指揮官語帶玄機，心裡多少有個譜；在他擔任副指揮官的這段日子，曾發現幾項指揮官經手的工程帳務交代不清楚，似乎有中飽私囊的嫌疑。可是蔡將軍位居副手，指揮官點頭同意的事情，他若沒有眞憑實據，也不方便置喙。

果然，接著只見指揮官拿起一份公文說：「現階段有幾個工程正在進行，只要你幫我簽名，我走了以後，這個位置就是你的。你放心，案子只要壓個兩、三年，無人聞問就算沒事了。你考慮考慮，過兩天給我答案。」

再傻的人都聽得出指揮官的提議大有問題，當然蔡上校也心知肚明，可是他的心忍不住動搖了起來。回首過去，他曾是莒光連連長、三軍楷模，從中尉到少校用不到五年的光景，可以說是平步青雲。但是接下來愈升愈慢，好不容易晉升上校，離將軍只差一步，論資歷、論能力，他有自信不輸任何人，可是許多同學和學弟都升上將軍了，只有他始終原地踏步。時間久了，長官和同學不免揶揄他只會做事，不會做官。

雖然指揮官講的是旁門左道，但是這也許是自己唯一的機會。畢竟他看過不少表現卻不如他的同袍，只因和上層關係良好，一道命令下來，立刻順利升遷。

返家後，蔡將軍試著跟太太討論，但遭到堅決的反對，並勸他不要冒險：「升不升將軍無所謂，即使上校退伍，每月的終身俸已夠下半輩子的花費，還有機會到學校教書。」

只是蔡上校心想，指揮官已經開門見山地提出條件，若是他拒絕，也許會被調去某個無關痛癢的邊陲單位，屆時更不可能升官。而且自己當了一輩子的兵，不為別的，只為了有一天可以升上將軍，要是不能一償宿願，這幾十年的兵都白當了。前思後想，蔡將軍心一橫，賭上自己畢生的清譽，在公文上落下自己的印章。

指揮官果真沒食言，他高升之後，蔡將軍順利遞補主官職缺，不出三個月，真的升上了少將。一時間，各方親友祝賀電話接到手軟，上門道喜的人馬絡繹不絕，還有位朋友為了慶祝他高升，特別打造了兩顆純金的將星贈予，外型跟部隊公發的將星一模一樣，只是體積稍大，戴在肩上顯得威風凜凜。

可是正當蔡將軍還沉浸在升官的喜悅時，當初競標工程未果的廠商因為懷恨在心，於是向高層機關投訴工程弊端，不到一個月的時間，弊案東窗事發。調查行動如火如荼展開，雖然蔡將軍沒收回扣，可是壞就壞在他簽了名，因此，他成了弊案的替死鬼，遭到收押。家人四處奔走，好不容易湊齊了保釋金，才讓他暫時獲得自由。

現在，在我面前的蔡將軍手拿著典當品，而在拿來的金飾中，就混著兩顆純金的將星。我問他：「這是你畢生追求的將星，你捨得當嗎？」蔡將軍揮揮手說：「我本來一心要當將軍，現在我後悔了，當初應該聽我老婆的話。」他頓了頓，嘆口氣又說：「我很多同學一升上校就辦理退伍，領終身俸享清福。以前我總是笑他們沒有革命軍人的志氣，只想當老百姓，現在我終於了解他們的選擇。老實說，眼前的這一關能不能安然度過都不知道，就算能過，我絕對、絕對不要當將軍了。」我點點頭沒說話，默默地開好當票交給蔡將軍，只見他挺直背脊大步踏出了大門。

看他堅毅的背影，我不免想到，二、三十年前，他一定滿腔報國壯志，如今卻可能淪爲階下囚，今昔對照，令人不勝唏噓。他的同學也都爲之扼腕，因爲蔡將軍是眾所皆知的文武全才，不但能帶兵，也能寫戰略研究，可是這些顯赫的能力卻都不是升官的關鍵。爲了當上將軍，所付出的竟是他無法承擔的尊嚴與榮譽。

而即使最後是無罪開釋，蔡將軍在往後的人生中恐怕也再抬不起頭了，因爲當他簽下姓名的那一刻，就表示他向名利低頭。因爲一生的願望，反而誤了一生。對一個革命軍人而言，是莫大的汙點。

根存 甲 №007085

一張當票的啓發

每個人都有終生的夢想，這也是人之所以能夠偉大的地方，但是任何夢想都不值得用生命、榮譽、家庭等已經擁有的幸福去交換。

夢想不能實現，並不是一種罪惡。但爲了夢想鋌而走險，卻是罪不可赦。

贖回

第十四張當票：藝界人生

大 當 千

票當業舖當市北台 甲 No 007085

當物內開	貸金	當入日期
舊 戲服壹套。	新臺幣 伍仟元整	民國七十年○月○日
	利息未扣	滿當期限：七十年○月○日

梁○○ 先生/小姐

大千當舖

憑票取贖　謝絕看貨

本舖每月第二、四星期日公休

◎營業時間：上午九時起 下午十一時止

地　址：台北市中山區○○路○○○號

電　話：1 2 3 4 5 6 7

世界上有三種人賭性堅強：一是餐廳的工作人員，不論是大廚或是跑堂的，只要中午用餐時間結束，一夥人收拾完之後，拉張桌子便能賭起來，直到晚上再次開門做生意爲止；二是船員，畢竟在茫茫大海上無事可做，只能靠賭博打發時間；最後一種則是演藝人員。尤其是過去秀場藝人的工作檔期是每天日場、夜場各一，中間的空檔幾乎都耗在賭博上，不論麻將、撲克牌還是大家樂，各種賭法都有支持者，在那個時候，演藝圈不賭博者幾希矣。

在我開業初期，透過朋友的介紹，認識了一位知名的歌廳秀主持人梁某，當時他常在林森北路的太陽城大歌廳作秀，雖然當時他的收入優渥，但每月總會光顧店裡三、四次，當些手錶、戒指之類的隨身配件做爲賭博的本金，見面的次數一多，我們自然也就熟絡了起來。

直到民國八十四、五年左右，他的演出機會漸少，收入不比從前，甚至開始跟歌廳老闆預支演出費度日，生活過得比較狼狽。但是這位秀場名主持人卻賭性依然不改，常上當舖來籌賭本。我私底下常勸他：「大哥，你現在不比從前，少賭一點吧！」他說：「唉，沒辦法，我就這麼一個嗜好，要是不賭上兩把過過癮，我上台演什麼都不來勁啊！」

只是常跑當舖，跑久了漸漸面臨無物可當的窘境，有一回他竟提出：「老弟，戲服可不可以當啊？」他還補充說明，這戲服還不是普通的戲服，要知道他最膾炙人口的角色是軍閥張大帥系列，戲裡的軍服全是手工縫製，胸前鑲著幾可亂眞的徽章，一套的製作費起碼要兩萬元。而除了大帥的戎裝之外，還有扮皇帝的龍袍，以及縫著亮片的作秀西裝等等，每件總能當個五千元以上。只不過這些典當得來的錢終究還不是拿來過生活用，統統充作打麻將的底金。

但是打牌歸打牌，每天的表演可不能馬虎，於是這位秀場名主持人上戲前，總會坐計程車到店裡贖出當天表演用的戲服，甚至直接在店裡換裝，接著搭同一輛車趕秀。

這下可好，我的當舖竟成了他的更衣室。而他當戲服的消息傳開了以後，許多藝人紛紛跟進，逼得我另開一個隔間，專門放置戲服。有好一陣子，附近的街坊鄰居過著被迫收看皇帝或丫鬟搭計程車的時空錯亂戲碼。

從那時開始，我陸續接觸不少演藝圈的大哥大姐，從他們的言談中也發現演藝圈與其他行業的天差地遠，擁有獨特的規矩和特色。其實許多藝人跟外界的接觸有限，雖然他們在舞台上無限風光，私生活卻是一團混亂。好比這位秀場名主持人，自小從跑龍套開始，一路表演到大，不曾接觸過其他行業。在他想法裡，他只在乎紅不紅，對理財和生活常識統統一竅不通。

而在他最風光的時候，一登台總是萬人空巷，甚至老闆得先把酬勞堆在他的面前，他才考慮上工。每回出現在當舖，懷裡也總是摟著不同的女孩子，手上掛滿富太太和粉絲貢獻的名錶和鑽戒，羨煞多少市井小民。要是他當時就能好好規劃的話，現在老早能退休享福了，只可惜他的演出費全砸進了賭海，加上感情生活混亂，平時居無定所。甚至可以說所有的生活都在表演台上，反而人生的舞台開了天窗。

他的日子經常是如果賭贏了，馬上呼朋引伴吃大餐；但萬一賭輸了，他也不著急，在道具間打地舖照樣能窩一晚，反正明天還有表演，不愁沒錢。因此他老是活在過去輝煌的記憶中，壓根沒想過有一天觀眾的口味轉變時，他該何去何從？

其實當他來典當戲服時，演藝生涯便已經出現了警訊，只是自己渾然未覺。等到年輕一輩的主持人漸成氣候，他也開始面臨沒節目可做的窘境，只能在歌廳秀的冷門時段墊檔上場，面對冷清的觀眾席，演出過往的拿手戲碼。

觀眾透過欣賞表演是為了紓解生活壓力，因此會期待每回都能看到與眾不同的演出，所以如何推陳出新就成為表演者莫大的精神壓力。當燈光亮起，表演者灌注了全部的熱情，竭盡全力地演出，但是當燈光一熄滅，下次何時再亮起卻無法預測。藝人沒出名時千方百計搏版面，擔心紅不起來，可是天天上版面後，又抱怨沒有隱私，還不免憂心能紅多久，起伏不定的壓力始終揮之不去。

有的人則是在當紅時患上大頭症，出入講究排場，卻不思精進表演技巧，以爲能用同一套內容行遍天下，等到演出機會漸減，卻再也無法回復往日榮光；而有些具備憂患意識的藝人兼營副業，卻因爲看輕了商場的瞬息萬變，一不小心投資錯誤，賠上十幾年辛苦累積的財產；還有些藝人尋求更大的刺激彌補人去樓空的空虛感，沾染吸毒、賭博等惡習，甚至走上自殺的絕路。

甚至更聽聞某些演藝人員因爲依附著唱片公司或是經紀公司老闆，爲了演出機會，免不了需要出席應酬場合，若是遇上居心叵測不良分子或黑道，可能就會賠上自己的人身安全。雖然演藝工作能名利雙收，但是演藝圈裡仍有許多心懷鬼胎的投機分子，看準藝人單純的個性，伺機大撈一筆。任何想要進軍演藝界的朋友，不可不慎。

雖然這些演藝藝人在舞台上演出的是別人的悲歡離合，但一旦下了舞台，一樣要對自己的喜怒哀樂與人生責任。

根存 甲 № 007085

一張當票的啓發

掌聲是一時的，人生是長久的。再受歡迎的演出總有過氣的一天，當一個人老提當年勇，也正代表了他的生命已經停滯不前。

同理可證，所有的工作也都是一樣。因此在前景一片大好時，絕不能被眼前虛幻的名利蒙蔽雙眼，要隨時儲備再次突破的能量，爲人生下半場提早做好準備，才能在逆境來臨時安然度過，再創輝煌。

第十五張當票：一萬五千元的學生證

大 當 千

台北市當舖業當票　甲 No 007085

	當物內開	貸金	當入日期
林○○ 先生 小姐	舊台大學生證壹張。	新臺幣 壹萬伍仟元整	民國八十五年○月○日
大千當舖		利息未扣	滿當期限：八十五年○月○日

憑票取贖　謝絕看貨

本舖每月第二、四星期日公休

◎營業時間：上午九時起 下午十一時止

地　址：台北市中山區○○路○○○號

電　話：1　2　3　4　5　6　7

我的父親秦裕江先生是個以急公好義而聞名的人，只要朋友有難，他一定二話不說幫忙到底。因此父親於民國八十五年過世後，隔了幾年我便以他的名字成立了大學獎學金，協助認眞念書的年輕人完成學業。此舉除了是希望他熱心助人的善舉能得以延續之外，其實背後還有個鮮爲人知的因緣巧合。

民國八十七年某天早上，我如往常一邊吃著早餐一邊翻看報紙，上頭的其中一則新聞吸引了我的目光，上面寫著：一位雲林的女高中生聯考成績優異，順利考取台灣大學，卻因爲家境清寒，沒錢繳註冊費，只好放棄升學，當地人士紛表惋惜。

當時我只把這個消息當作一般的社會新聞看待，並沒有特別放在心上。

但在一個多月後，一位年輕女孩子低著頭走進店裡，怯生生地問我龍江街該怎麼走？我看這個女孩子的穿著不似時下年輕人花俏，手上拎著一個褪色的行李袋，八成是北上來找親戚的。我指了指路之後，女孩子點頭道謝轉身離開了當鋪，但沒想到沒一會兒工夫她又回來了。

她靦腆地問：「老闆，請問當鋪能當什麼？」我回她：「看妳有什麼值錢的東西啊？」她說：「我沒有值錢的東西，只有一些隨身物品。」我又回：「這樣我就愛莫能助了。」女孩子聽完後一臉失望地離開了。

但沒想到過了半個小時，她竟然又跑回來，並猶豫地問：「老闆，您可不可以借我錢？」我回：「我不能平白無故借妳錢，好歹要有個抵押品寫在當票上。話說回來，妳這麼年輕，怎麼會來當舖借錢呢？」她說：「其實我今年考上了大學，只是我從小寄養在叔叔家裡，叔叔的手頭不寬裕，籌不出註冊費。原本我已打算放棄升學，可是朋友告訴我台北有許多家教的機會，如果兼幾個家教，應該能付註冊費，所以我自己上台北來碰碰運氣。沒想到找了好幾個家教都沒機會，如果再應徵不上，我眞的沒辦法念書了。所以才想問問您，是不是能借我一些錢。」

這番話讓我聽了心中一陣感慨，於是我說：「妳眞是一個認眞的孩子，前陣子我在報紙上看到一位雲林的女學生處境跟妳很像，她考上了台大，但是沒錢繳註冊費……」誰知道我才這麼一說，這個女孩子就潸然淚下，哽咽地說：「報紙上說的就是我。」沒想到竟讓我居然遇上了新聞報導的主角。

就因爲這樣的緣分，因此我開口問她：「註冊費需要多少錢？」她抽抽噎噎地說要一萬多。我沉吟了一會兒，於是說：「這筆錢我先幫妳出，妳再慢慢還我。不過，妳註冊完之後，要拿學生證給我看。」語畢我從抽屜拿出一萬五遞給她，女孩子千謝萬謝離開店門。

果然，一個禮拜後，她喜孜孜地拿了台大商學院的學生證給我，證明已經順利註冊。而且她不但抽到了學校宿舍，還找到一位住在台北的親戚，願意供應食宿，基本生活問題已獲得解決。這個女學生也沒辜負得來不易的就學機會，發憤苦讀，並另外利用課餘時間兼職家教賺取生活費，很快地就分次還清了借她的一萬五。

看到她，我免不了想起自己的求學過程，當初因爲家庭經濟變故的關係，我在高中二年級就輟學而離開了校園，沒有機會再繼續升學。之前我也從沒想到會有由於經濟拮据、想讀而不能讀的一天。過去我父親營建生意一帆風順時，曾幫助過許多學子繳納學費，如果他遇到這位女同學，肯定也會伸出援手才是。

因此，當女學生拿出學生證給我時，我心裡更是感動萬分。對她而言，我是她的貴人，但是她何嘗不是我的貴人呢？就因爲她的出現才提醒我應該延續父親的古道熱腸，成立獎學金幫助更多有心向學的年輕人。

於是我後來便以父親的名字成立了「秦裕江先生獎助學金」，從剛開始的三個名額到現在已經增額至十個，其中台灣大學有保障名額，算是感謝那位女同學間接催生了獎學金。我也認爲有上進心的人應該有更多機會，因爲他們將會是未來社會的中流砥柱。

雖然當舖一直給予人不好的印象，甚至「剝削弱勢」已經是當舖業的原罪。但其實這個行業的確幫助了許多人度過了難關，幾乎可以說是舊時社會的ATM。在這世間上，錦上添花的多，但雪中送炭的卻少，而當舖就是個救急解困的行業。

例如，當年我爲了當舖業法立法工作而四處奔走時，曾獲得某位立法委員大力支持，他特地跟我說：「以前我念師範學校時，家裡遭逢變故，爸爸按月寄給我的生活費突然沒著落，我窮得沒辦法，只好把爸爸給我的手錶拿去典當。我永遠記得接過當舖老闆給我的兩百元，我才有辦法吃上一頓飯。所以好的當舖眞的是救急又救窮，絕非社會大眾所誤解的吸血行業。」而且，更有許多檯面上大企業的老闆，以前生意遭逢難關時，或多或少來過我的店裡調頭寸，被當舖幫忙的人不知凡幾。

我這輩子見過了這麼多的珍奇異寶，經手過成千上億的金錢，也跟許多家財萬貫的人打過交道，但最後才深刻體驗到，有錢的定義不是比存款數字，而是比捐款數目。一個人有錢可能是因爲命好，但是眞有錢和假有錢可是天差地遠。

眞正的富人是不計得失地付出。否則再怎麼有錢，結果都只有一人得利而已。你我或許擁有的財富比不上許多人，但是捐錢其實並不一定需要有多大的能力才行，也與收入的多寡無絕對關聯，往往是那份心意讓人變得有價值。

根存 甲 No 007085

一張當票的啓發

世界上很多悲歡離合並不是發生在另一個世界，而是存在於你我身邊，或許你可以選擇視而不見，但其實只要一個起心動念，也許對於他人來說就是一場及時雨。

世人多專注於錢財的追逐，但堆積起來的金錢不是富有，有施有捨的才是眞正的財富。

第十六張當票：代夫坐牢

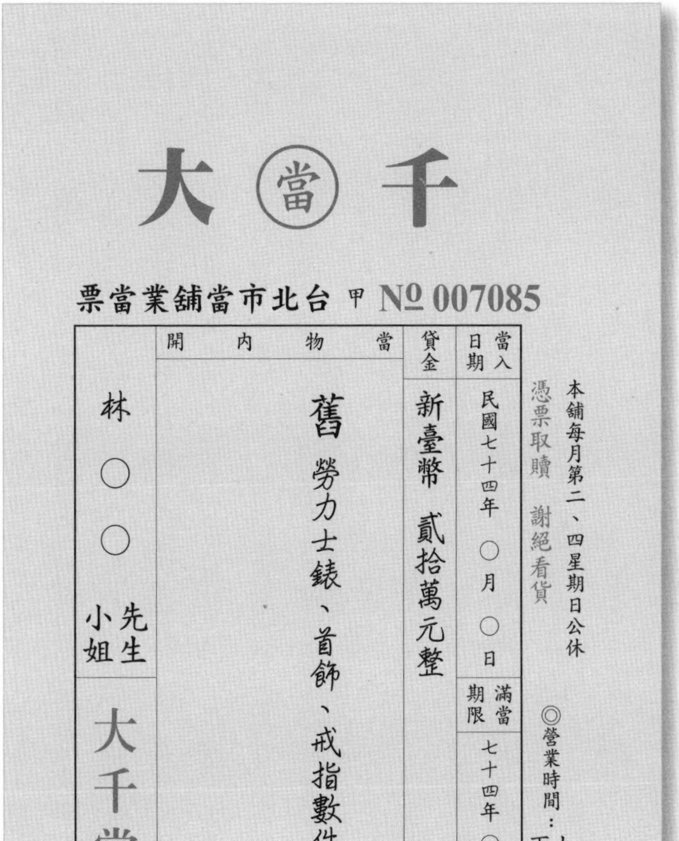

大 當 千

票當業舖當市北台 甲 № 007085

林○○ 先生 小姐

當物內開

舊勞力士錶、首飾、戒指數件。

貸金

新臺幣貳拾萬元整

利息未扣

當入日期

民國七十四年○月○日

滿當期限

七十四年○月○日

大千當舖

本舖每月第二、四星期日公休

憑票取贖　謝絕看貨

◎營業時間：上午九時起 下午十一時止

地　址：台北市中山區○○路○○○號

電　話：1 2 3 4 5 6 7

若你問我，當舖通常什麼時間生意最好，上午、下午，還是晚上？我會說其中一個時間點是：三點左右。為什麼？很簡單，因為銀行三點半結帳。

因此我常常會遇到趕三點半的客人上門，其中有一個就是林太太。

林太太的先生經營了一家五金行，雖然生意做得不差，但有時候還是會為了趕銀行的關門時間，而拿東西來周轉。林太太是個典型任勞任怨的傳統台灣婦女，如果林老闆生意太忙，她不但會幫忙來贖當，甚至也會拿出自己的首飾來換錢，支援先生的生意。

這一天，林太太又獨自到店裡贖當時，臨走前卻突然緊張地問我：「秦先生，如果支票跳票，快要被銀行拒絕往來，會不會怎麼樣？」

我說：「這個很嚴重喔，可能要負刑責！奇怪，妳怎麼會問這個？」

「唉，家裡的生意由我先生一手包辦，最近我才知道他都用我的名義開支票，我本來以為沒什麼關係，可是銀行櫃員打電話提醒我已經有兩次跳票的紀錄，如果累積到三次，就會被銀行列為拒絕往來戶，可能還會吃上官司。」

「沒錯，要是吃上官司就麻煩了，妳應該跟先生好好討論。」

在過去的年代，有許多人在申請支票時，經常不是用本人而使用家人的名義，一部分可能是由於過去信用紀錄不良，擔心被銀行拒絕往來，但有的卻是刻意在逃避責任。因此，很多的生意人都會以太太的名義開支票，尤其當時男尊女卑較為嚴重的社會環境下，這種情形更是屢見不鮮，我也就見怪不怪。

但事情過了幾天，這回輪到林老闆上門了。他一見我便氣沖沖地質問：「老闆，我用誰的名字開支票是我的家務事，你少跟我太太講一些有的沒的！」

我愣了一愣，才知道他說的是前幾天林太太詢問支票的事，便解釋：「林先生，不是我主動告訴妳太太，而是她問我，我只是據實以答，並沒有別的意思。不過要是支票有問題的話，還是得小心。你太太很能幹，幫你做生意又主持家務，如果她發生什麼問題，家裡怎麼辦？」

此話一出，反而讓林先生惱羞成怒，他惡狠狠地說：「我的支票不可能有問題，你少管閒事！」

我聳聳肩：「如果造成你的誤會，我很抱歉。但我沒有別的意思。」兩人不歡而散。

沒想到又過了幾天，夫妻倆再度走進店裡，這回林太太明顯面有難色，她從懷裡寶貝地拿出一包金飾，卻不大願意遞給我。從她的神情判斷，這應該是她平日辛苦存下的私房錢。但一旁的林老闆卻不耐煩地催促：「三點半快到了，妳趕快當一當啦，我一定會贖回來！」林太太欲言又止，默默地把袋子交給我。裡頭有戒指、項鍊和手錶等物件，我估了二十萬，連同當票交給他們，兩個人很快就離開當舖。

三個月後，贖當日到了，平常都會準時出現的林太太卻不見蹤影。我翻出林老闆的名片，打了好幾通電話，始終沒有人回應。因爲五金行離當舖不遠，我想乾脆自己跑一趟好了。

沿著地址很快就找到了林老闆的五金行，卻發現電捲門已拉下，從門上累積的灰塵來看，應該有好一陣沒拉開。旁邊招租的紅紙還被風掀起了一角，有一搭沒一搭地搧動著。我輾轉詢問附近鄰居林先生的下落，鄰居說：「早就跑路了！聽說他的支票被退票，還欠了其他廠商一大筆債，資金補不齊，東西收一收就躲起來了。」

「林太太呢？」

「她喔？她最可憐，因爲支票上是她的名字，所以被抓去關了。」

我訝異地問：「那小孩怎麼辦？」

鄰居嘆氣說：「爸爸媽媽都不見了，小孩就送回鄉下讓親戚養啦。」

我問：「有沒有我們可以幫忙的地方？」

「其實我們幾個鄰居曾經找林老闆討論過，可是他欠太多錢了，我們想幫也幫不了啊！」

當下我想起林太太詢問跳票問題時憂懼的神情，明明事關自己的權益和清譽，卻連與自己最親近的丈夫都不敢問。而即使向外人求助了，都還得看另一半的臉色才行。再想起她當時拿著金飾來典當的不捨神情，更是不勝唏噓。當下我也決定把這批金飾保留著，我相信林太太有一日一定會來贖回。

一年後，林太太出獄了，果然立刻就到當舖贖回首飾。

她一把鼻涕一把眼淚地控訴先生的薄情寡義，當年她先生明明知道支票即將到期，卻還是把二十萬拿去賭場輸個精光，最後落得妻離子散的下場，又是賭博惹的禍！而林太太坐牢之後，孩子何其無辜？林老闆更沒有因為太太的坐牢而痛改前非，這場牢獄之災自始至終對家庭一點好處都沒有，只是一場無謂的犧牲。

在傳統社會裡，女人幾乎全依賴著男人過日子。如果男人能力和責任心兼備，一家人可能就吃喝不盡。但若是男人素行不良，女人一輩子也會跟著賠上。說起來其實運氣的成分很大，因為過去在農業社會，男女成親多憑媒妁之言，婚前無法全面了解彼此個性，等到發現伴侶有問題時，往往為時已晚。

而當時男女平等的觀念也不若現在，即使林太太知道先生是個素行不良的人，但是仍然會遵守在家從夫的老舊觀念。明知不應該放任先生以自己的名義開戶，又無從拒絕。可惜法律並不會因為同情而讓她無罪，雖然她心裡滿是怨懟和後悔，但其實早在開出空頭支票的那一刻，她的命運便已註定。

然而林太太也並不是單一例子，在二十多年前，像這一類先生經商失敗跑路、太太代夫坐牢的例子層出不窮，許多無辜的主婦遭受牢獄之災。直到民國七十六年票據法修改後，支票退票不用負刑責，才拯救了許多無辜的婦女。

就因爲看多了這樣的案例，所以我經常鼓勵周遭的女性朋友，多多投資自己的腦袋和口袋，在婚姻裡採取主動，不要死守著被一張紙約束的婚姻。

因爲有價値的不是婚姻本身，而是彼此的感情和成長，否則不如離婚。對於觀念保守的女性而言，林太太的遭遇是很有力的借鏡。

根存 甲 № 007085

一張當票的啓發

許多女性同胞一輩子的志願就是傾盡全力相夫教子，但常常忘了留時間讓自己成長，等到家庭問題爆發時，一瞬間便陷入萬劫不復的地步。順應社會風俗很重要，但是擁有獨立思考能力和獨立的經濟能力則更加重要。

以我母親爲例，當年我父親的生意跨掉之後，她表現出無限的韌性，想盡辦法掙錢，奮力撐起整個家，家裡的經濟權力轉移到她身上，也才不至於讓家庭分崩離析。

第十七張當票：站壁流鶯的無奈

大 當 千

票當業舖當市北台 甲 № 007085

大千當舖	當物內開	貸金	當入日期
陳○○先生小姐	舊借據壹張。	新臺幣捌仟元整	民國九十一年○月○日
		利息未扣	滿當期限：九十一年○月○日

憑票取贖 謝絕看貨

本舖每月第二、四星期日公休

◎營業時間：上午九時起 下午十一時止

地 址：台北市中山區○○路○○○號

電 話：1 2 3 4 5 6 7

民國九十一年時，我因爲擔任當鋪公會理事長的關係，每天都必須固定到康定路與桂林路口的辦公室上班。附近幾個站壁的流鶯常在騎樓下招攬生意，見面次數多了，彼此都會點個頭打招呼，但不特別親近，避免瓜田李下之嫌，因此也沒有其他的交集。

同一棟樓剛好有間地下錢莊，專門放款給流鶯和攤販，負責人魏董事長算是地方上有名的角頭。當時他們爲了自己生意方便而霸占了一座電梯，讓電梯待機時始終停留在錢莊的樓層，讓其他住戶出入不便。大家怨聲載道，我決定請總幹事找魏董反應，結果總幹事結結實實地被魏董罵了一頓，灰頭土臉地宣告勸說失敗。

我聽了不以爲然，決定親自出馬，總幹事忙勸我：「理事長你別去，他是黑道，碰不得的。」我說：「黑道又怎樣？我是跟他講道理，又不是找他打架。」於是我請總幹事通知對方我要上去跟他聊聊。

電梯門一開，對方的小弟早已擺好陣勢，好似隨時準備開戰，但我不以爲意。一位小弟前來迎接並說明魏董正在處理一些事情，先請我坐在會客室喝茶。才一坐下，我便聽到隔壁辦公室傳出咒罵聲，內容極盡汙穢惡毒，多聽一秒都是折磨，我忍不住問旁邊的小弟：「你老闆在罵誰？」他回：「罵一個女人。」我直搖頭：「這太不應該了，誰人沒有母親姐妹？怎麼可以罵女人罵到這種地步！」我坐不住，直闖魏董辦公室。

一進門只見魏董指著一個年輕女人罵得火花四冒，我看了看被罵的女生，有點面熟，只是想不起來在哪裡見過。魏董看到我進門連忙說：「理事長，我正在處理一些事情，你在會客室稍等，有什麼需求，盡量跟小弟說。」我回：「我本來想等，可是聽你罵得這麼嚴重，我實在聽不下去，罵人解決不了問題，可不可以好好講？」魏董這才收斂了一些。

我沒打算離開，就在一旁聽著聽著，大致也了解事情的來龍去脈；原來是這個女人欠錢不還，利息也不付，躲到西門町站壁，但被魏董的手下抓回來。最後，魏董罵了一頓解氣後，要她去外面寫悔過書，女人才哭著走出去了。

女人前腳一踏出，我便直接開門見山跟魏董談電梯的事情，分析電梯停在他的樓層其實沒好處，不但客人上樓時要等，他自己等電梯的時間不見得少，若是讓兩部電梯隨機移動，反而節省時間。他聽完我的分析，點頭說：「好，理事長，這件事情我聽你的。」或許是賣我個面子，這件事很快便圓滿解決。

步出辦公室，看到方才那個女人正在一旁邊寫悔過書邊哭，我轉頭就問魏董：「這個女人欠你多少錢？」魏董回：「八千。」我納悶著：「不過八千，何必罵得這麼難聽？」魏董蹺著二郎腿說：「理事長你不知道，她是累犯，上回已經跑過一次，要是不給點教訓，等她臉皮厚了，以後可沒完沒了。」此時我腦海又浮現剛才魏董羞辱人的模樣，實在讓人無法忍受，於是脫口而出：「乾脆這筆錢算我的，我幫她還。」魏董聽了覺得莫名其妙，忙說：「理事長，這件事你千萬別管，這種事情管都管不完的。」我搖搖頭：「我可沒打算每件事情都管，不過既然遇上了也算是種緣分，況且一想到你罵人的狠勁，我馬上頭痛。一句話，這筆算我的。」

魏董見有人付錢，也就不再堅持。我請那個女人跟我一起下樓到公會拿錢。門口助理見了我們兩人嚇了一大跳，急著說：「理事長，她是以前樓下的流鶯啊。」這下我才恍然大悟，難怪我覺得面熟，我對助理說：「我知道啦，別大驚小怪，幫我們泡兩杯茶，我跟她聊一聊。」

女子擦乾淚痕，自稱姓陳，我問：「陳小姐，妳怎麼一輩子都欠錢？照魏董所說，妳已經向他借了十年了。」她回我：「沒辦法，我有三個孩子，賺的錢不夠花，而且我天性好賭，所以只能借錢度日。」我又說：「這次可以幫妳還，但是妳要好自爲之，難道妳想一輩子過這種生活嗎？」陳小姐聳聳肩說：「唉，我早已經認命了，從小我就被我媽賣到寶斗里，後來政府禁娼，我又愛賭，也沒一技之長，只好站壁。這次是因爲賭輸了，沒錢還給魏董，只好跑路。誰知道會被他找到，沒關係，反正罵一罵就沒事了。」我又問她：「妳有沒有想過，站壁還能站多久？趁現在還年輕，找個機會改行吧！」她笑說：「其實我的人生就這樣了，沒什麼不好啦，我老公還會每天載我上下班呢！」

這句話讓我有點愣住，沒想到她有老公接送，太匪夷所思了。正想再往下追問之際，我突然想起過去在萬華分局跟警察聊天時，見到裡頭有一位歐巴桑臉塗得跟歌仔戲旦角一樣。當時我好奇地問員警：「這位阿婆是幹什麼的？」員警撇撇嘴說：「賣淫被捕。」我大呼怎麼可能，員警說：「真的沒騙你，你不信的話，問問阿婆旁邊那位男人，那是她兒子。」

當場我的價值觀立即陷入混亂，這個兒子看起來老老實實，怎麼會讓媽媽從事這種行業呢？後來聽她兒子說，原來是母親年輕時曾賣淫為生，但年老後其實兒孫都孝順，每月會按時寄錢回家，經濟無虞。只是母親不甘寂寞，三不五時仍上街做生意，當作打發時間的消遣。

所以現在又聽到陳小姐的故事，讓我不由得想起論語上一句話：「人不堪其憂，回也不改其樂。」因此我便停嘴不再多問，交給了陳小姐八千之後，囑咐她趕緊拿去還給魏董，趕緊拿回借據。

後來，我們偶爾還會在辦公室樓下遇到，陳小姐看到我總是很有禮貌地問好，有一次甚至從皮包裡掏出錢，直說要還給我，我連忙搖手婉拒。其他的流鶯見到我同樣熱情地喊：「理事長好～」，刻意拉長的尾音帶著一絲嘲弄，彷彿我是個傻呼呼的凱子。而幾個朋友知道這件事，紛紛表示不諒解，認為我出的錢跟扔進水裡沒兩樣。

但是，在我的心中卻不這麼想，因為這筆錢除了阻止魏董罵人秀之外，也讓我多了另一層新的體會：普通人可能認為社會中下階層的人過得很悲慘，但是也許他們自得其樂。

喜怒哀樂是不分貴賤，一律平等的。不論是帝王將相或是販夫走卒，各階層均有自己的憂愁和喜樂。也許每個人的生活模式令旁觀者不以爲然，但是生活在其中的人早已習以爲常，甚至還認爲旁觀者才是格格不入的一群。

惠子曰：「子非魚，安知魚之樂？」不論魚樂與不樂，只有自己最清楚，旁人何必庸人自擾呢？

根存　甲　№ 007085

一張當票的啓發

人與人的交流，因爲有情感，所以常常我們會想要幫助身邊的人，但有時候卻忘了問對方什麼是他要的？最後自己的善意可能就變成負擔。因此，當我們對身邊的人付出關心時，也必須考慮「對他人付出的關心，若大於他人對己身的關心，反而會造成彼此的壓力」。學習從不同的觀點看人生，生命也將會有更多的包容與色彩。

第十八張當票：逃兵的補給證

大 當 千

台北市當舖業當票 甲 № 007085

當入日期	貸金	當物內開	
民國八十二年○月○日	新臺幣 台北到台中計程車費 利息未扣	舊 軍人補給證壹張。	李○○ 先生/小姐
滿當期限			大千當舖
八十二年○月○日			

憑票取贖 謝絕看貨

本舖每月第二、四星期日公休

◎營業時間：上午九時起 下午十一時止

地　址：台北市中山區○○路○○○號

電　話：1 2 3 4 5 6 7

民國八十二年某天傍晚，一個理著平頭、皮膚黝黑的年輕人登門求助，連招呼都沒有打，一開口便說急需車錢回雲林。

我問他：「你有什麼可以當的？」他搖搖頭說沒有。我語氣和緩地說：「沒東西我可愛莫能助。」平頭年輕人一聽更焦急地說今天一定要回去，請我務必幫忙。於是我又問：「你說說看是什麼情況，我替你想想辦法。」

他解釋說：「其實我正在當兵，今天跟部隊請假到台北找女朋友，晚上要回雲林老家，但是身上的錢掉了，請老闆您幫幫我。」聽起來是個合理的遭遇，不過我常遇到騙車錢的人，便進一步向他要了軍人補給證確認身分。

他從皮夾裡掏出證件，果然是個現役軍人，姓李，部隊的番號是十軍團伍么六工兵營，我想起自己以前服役時，在同屬十軍團裡相近的單位伍么勾工兵營受過基地訓練，於是親切感油然而生。

我問他部隊在哪裡？他回我：「在台中潭子。」果然是同一個單位，但卻有疑惑浮現我的腦海，於是接著又問：「你們現在是在基地訓練嗎？」李先生不假思索地說：「對。」果然事有蹊蹺，我奇道：「咦？下基地訓練不可能請假啊，你到底是怎麼出來的？」這一聽李先生當場臉色大變，立刻轉身跑出大門。我低頭一看，他把補給證忘在櫃台上了。

因爲跟過去部隊的朋友還有交情，於是我撥了通電話給老單位的老士官長，說明了李先生的部隊番號，請他查一查。老士官長回說：「沒錯，這支部隊正在下基地訓練。」我心中更篤定，李先生肯定是逃兵。

果然，到了晚上七、八點，李先生回來當鋪找補給證了，他滿面愁容，一看便知無處可去。我請他到辦公室裡坐一會兒，遞了杯水給他，我問：「你爲什麼要逃兵啊？」李先生搓著手說：「因爲女友兵變了，我怎麼打電話都不接，長官也不讓我請假，逼不得已，我只好晚上翻牆偷跑出來，坐夜車到台北找我女朋友，可是我找了一整天都找不到她，又不敢回部隊，只好來找你借錢回雲林老家。」我好言相勸：「年輕人，我了解兵變很痛苦，可是逃兵茲事體大，如果被憲兵抓到，一定會判刑，紀錄會跟著你一輩子。而且你這麼老實，若是被關了，不免被裡頭的大哥欺負。」李先生聽完不知所措，慌得直流淚。我安撫他說：「先別急，我替你想想辦法。」

於是我打了通電話給老士官長，老士官長了解狀況後，在電話那頭沉吟了一陣，說：「你跟那個阿兵哥說，無論如何先回到部隊，我幫他跟營長聊一聊，也許能從輕發落，把逃兵改成不假外出，說不定不用送軍法審判。」

聽起來事情有轉機，因此我跟李先生說：「放心，我等一下幫你叫輛計程車，你直接從台北殺回部隊。到了營門口不要說跟衛兵說你是誰，打電話請老士官長把你領進營區，其他的事情他會幫你安排。」不多時，計程車開到店門口，我把車錢塞給司機，李先生點頭道謝，惶惶不安地鑽進車裡走了。

事後想起這件事，我才意識到自己之所以願意幫忙這位李先生，其實是因爲當初服役時的一段遭遇。

過去我待的伍么勾工兵營一度駐紮在外島，我擔任保養廠的補給士，廠長是位風聞有斷袖之癖的老士官長，他的工作能力過人，經歷顯赫，在單位裡很有影響力，卻不時傳出惹人非議的行爲舉止，只是始終沒有人求證。我當然聽聞過幾次，但反正部隊中空穴來風的事情多如牛毛，倒也不以爲意。

一直到某天，一位學長即將退伍，在大家幫他辦歡送會的場子，當一夥人吃飯喝酒好不開心之際，喝著喝著，這位學長竟然哭了起來，親口說出他曾被老士官長性侵。我聽了還來不及反應之時，沒想到周圍好幾個同袍竟也跟著流下淚來，原來受害者不只一位。只是士官長在單位裡的地位不亞於營長，加上學長退伍在即，沒人願意深究，只求順利離開部隊，因此才一直沒被揭露。

後來部隊調回台中潭子，有天半夜我的好夢正甜，突然有人搖醒我。恍惚間，我以爲是輪到我值安全士官，於是睡眼惺忪地開始著裝，穿到一半才想起晚上沒我的班，於是又爬回床舖繼續睡。誰知道剛躺下又有人搖我了一把，但我一下床，人就不見了。我心裡納悶，套上拖鞋到走廊上一探究竟，只見一個剛到部隊不滿兩個月的新兵瑟縮在角落。

我上前問他：「幹嘛這麼晚在走廊上遊蕩？」他一開口，眼淚跟著滾落：「班長……我想自殺。」我聽了一愣，好聲勸導：「千萬不可尋短，有什麼事情我們可以商量商量。你受了什麼委屈？」他邊哭邊說：「我剛來沒多久，士官長很照顧我，上禮拜放假前，士官長通知我去左營出差，還告訴我該住進哪一間旅社。我想是長官的命令，便乖乖入住。結果當天晚上就被士官長性侵，他還警告我絕對不能說出來，不然會讓我當兵當得很難過。我回來之後，每天都想死，結果今天士官長又找我，叫我禮拜六放假再去台中出差，班長，我眞的不想活了。」

我聽了也不知道該如何是好，只能先安撫他，趕緊再找與我交好的輔導長商量。輔導長聽了前因後果，當場氣壞了，表示一定要往上級呈報。我跟他說：「你先不要輕舉妄動，以前我的學長曾經向營輔導長投訴過，但是士官長全身而退，表示他的後台很硬，要是照程序走，最後肯定會不了了之。不如我們想個辦法，先讓這個菜鳥安全過關。」輔導長點頭說有道理，他出了個主意：「乾脆由我代替這個菜鳥去赴約，當場跟士官長攤牌，看他到時候怎麼說。」我們心想這不失爲一個好方法，便等著放假回來聽輔導長的如何收服士官長。

三天後部隊收假，奇怪的是輔導長卻不見人影，反倒是士官長的臉色陰晴不定。後來我和菜鳥才知道，原來當時兩個人在旅館談判愈談愈僵，士官長惡人先告狀，竟然通知警方輔導長勒索，結果輔導長反被送到軍團部接受調查。這一聽我和菜鳥簡直嚇壞了，心想士官長接下來一定會把矛頭指向我們兩個，要是不想點辦法，肯定吃不完兜著走。

我們抓緊空檔躲在廚房後商量對策，我告訴他：「只有一個辦法，你趕緊逃兵吧！」菜鳥聽了不敢相信，怎麼有長官唆使士兵逃兵？我接著說：「我不是叫你逃回家，而是要你離開部隊之後，直接去陸總部軍法處投訴士官長，由高層往下辦，事情才不會被蓋掉。」菜鳥一聽，立刻找機會翻牆逃出營區。而我則打電話到八二五軍醫院，藉口得了急性腸胃炎，請他們派救護車載我到醫院治療。

士官長完全沒料到我們先採取行動，一時三刻之間拿我們沒轍。而我則藉故在醫院住了一個半月，直到保養廠的同袍來探望我時，告訴我士官長已被調走，而菜鳥則轉調陸軍總部理髮廳，事情才算告一段落。

日後我遇到這位菜鳥，他忿忿不平地說一開始到軍法處投訴時，根本沒人要理他。直到他改請家裡的人報案，軍法處才受理。而且在軍法處下令辦案之後，許多隱藏的受害者也紛紛現身作證，上級才認眞面對這個案件。但是最氣人的是，這位士官長並沒有受到嚴厲的懲處。原來是因爲當初十軍團負責高速公路工程，部隊內部舉行工程進度評比，只要哪個單位的成績好，相關的軍官都能升官。而士官長更是拿過多次工程機具保養競賽的第一名，正是進度超前的關鍵人物，各級長官爲了升官，自然願意包庇他。

當兵本來就是一種訓練，所以在當年的部隊觀念中，阿兵哥本來就該受到磨練，因此不當管教幾乎可以說是常態，壓力非常大。但試想，要是單位裡有一位性侵慣犯的長官，有誰能安睡？大多數的逃兵事件都是出於個人因素，但是這一回卻由身爲班長的我授意菜鳥逃兵，其實是爲了保護人身安全之下，沒有辦法中的辦法。

過去軍中環境不比現在，人性化管理只是表面工夫，因此逃兵事件層出不窮，除了兵變或是素行不良的浪蕩人士，還有許多受不了不當管教的犧牲者。老鳥欺負菜鳥、長官欺壓下屬司空見慣。只有靠同袍間相互打氣，才能熬過艱苦的時刻，因此許多人退伍之後，與同袍建立了一輩子的友誼。

但如今看來這也算是一種因禍得福，過去這些看起來恐怖的經歷，其實也磨練了我的抗壓性，讓我回到社會之後，面對不公不義之事，自然產生抗體，幫助我不會被任何阻礙分心，能專心致志地朝向目標邁進。

根存 甲 № 007085

一張當票的啓發

俗話說：「殺不死你的磨難會讓你變得更強壯。」生活中沒有直路，到處充斥著合理和不合理的難關，但只要抱持正面的態度去面對，咬牙撐過，每次的難關都會成爲生命的養分，幫助自己在未來的道路上愈走愈順暢。

贖回

第十九張當票：詐騙集團

大 當 千

台北市當舖業當票 甲 № 007085

當物內開	貸金	當入日期
舊 金飾壹包。	新臺幣 伍萬元整	民國八十六年○月○日
	利息未扣	滿當期限：八十六年○月○日

陳○○ 先生/小姐

大千當舖

本舖每月第二、四星期日公休

憑票取贖 謝絕看貨

◎營業時間：上午九時起 下午十一時止

地　址：台北市中山區○○路○○○號

電　話：1 2 3 4 5 6 7

入行三十多年來，我不但跟各式各樣的騙子打過交道，更是遇過不少被騙的民眾。這些被騙的人並不是傻子，也不是想賺錢想到瘋了的窮光蛋，往往上當受騙的，都是平時看似精明的凡人。而詐騙的手法更是層出不窮，我幾乎也算是見證了它的演進。

最早期的詐騙手法是用「中獎」當作誘餌，引人上鉤。就曾有位姓何的老街坊，年輕時經營過好幾間餐廳，退休後過著衣食無虞的優渥生活。但有一天他突然神秘兮兮地溜進店裡，低聲說想私下跟我聊聊，我看他神情緊張，便帶他進我的辦公室。

屁股都還沒坐定，何老先生就連忙說：「秦老闆，我最近中了大獎了，心裡很焦急。」我心想這是好事有什麼好焦急的，便恭喜他：「中獎是喜事一件啊！爲什麼要緊張兮兮？你中了什麼獎，不論有什麼問題，說出來一起解決。」何老先生說：「我中了香港六合彩的頭獎，彩金大概一千萬港幣。」一千萬港幣！這可是大數目，這麼好的事情能碰上，運氣也眞的是太好了。

我好奇地問：「台灣有香港六合彩的簽注站嗎？」何老先生說：「我不知道有沒有簽注站，但是兩個禮拜前我接到一通陌生電話，對方問我要不要投資六合彩？我告訴他我從來不賭錢，但是對方認眞地說：『你是從幾萬人裡抽出的幸運兒，只要投資一百元港幣，馬上能參加香港馬會辦的六合彩。』當時我什麼也沒說就掛上電話。但沒想到過了幾天，對方又打電話來，還興奮地告訴我當初香港馬會先幫我出了一百港幣簽注，結果中了頭獎！」

當時詐騙風氣還不普及，我也聽得一愣一愣的，但是我還是提出了一個最根本的疑問：「老何，不對啊！對方幫你出了一百元，中獎應該全部歸他，爲什麼還要匯給你？香港人有這麼友善嗎？中了獎還要給別人！」只見何老先生仍舊固執地說：「哎！該是我的就是我的，只是不知道他們什麼時候才匯款，我這幾天都睡不好。」我心裡仍舊覺得事情不對勁，但也只能先恭喜他。

到了當天晚上快關門時，何老先生又跑來了。我以爲他仍是爲了彩金而失眠，但沒想到他一進門，便從口袋裡掏出一個小盒子，裡頭有手錶、金戒指等隨身物品，擺明是來當東西的。我詫異地問他：「老何，你這麼有錢，爲什麼要來當？」他解釋說：「沒辦法，雖然我中了一千萬，但是對方要我先匯百分之二十的稅金，才會把剩下的獎金轉給我。這些東西你算算看可以換多少，如果價錢漂亮，到時候領了彩金請你吃紅。」我反問：「稅率未免太高了吧？不能直接從獎金裡扣除嗎？」他雙手一攤說：「沒辦法，這是對方的規定。」

我仰頭想了一會兒，正色跟他說：「老何，你肯定被騙了。第一，香港六合彩和香港馬會沒有任何關係；第二，對方說你中獎，但是你沒有出錢，憑什麼要給你彩金？第三，不論中什麼獎，稅金都是直接扣掉，哪有要先付款的道理？第四，香港馬會主席怎麼可能打電話給你呢？你連他都沒見過，說不定根本沒有這個人啊！」我分析的懇切，想不到他老兄聽了卻惱羞成怒，東西包一包就走了。

何先生前腳剛走，他兒子就跟著上門了，劈頭便問：「秦先生，我爸來過了嗎？這兩天他的舉止很古怪，一口氣從銀行領了好幾百萬出來，不知道要幹嘛？」我告訴他何老先生跟我講的事情，末了還特別叮嚀著：「你要小心，你爸爸若不是得了幻想症，肯定就是遇上了騙子。」

沒想到兩、三天之後，父子兩人竟然在街上吵得不可開交。原來是何老先生已經匯了幾百萬過去，但對方不但沒把獎金匯過來，反而還繼續找各種理由要他繼續匯款。而不管家人如何死命阻止，何老先生卻依舊堅信，只要把最後一筆款項匯過去，就一定拿得到彩金。最後不得已，家人爲了阻止他，只好連室內電話都換了，才讓損失不再擴大。

日後，何老先生還不只一次向我抱怨兒子斷了他的財路。我只能勸他：「老何，你做了一輩子的生意，應該是個聰明人，怎麼會一直認爲自己中了獎呢？別忘了，你可是什麼都沒有買啊！」但他依然不肯承認自己有受騙。

再後來，因爲彩劵詐騙已經拐不了人，眼見爲憑，大家已經不相信見不到人的電話，於是詐騙花招又有了新招，直接眞人面對面。

民國八十六年時，一位陳老太太來店裡當金飾，我們談定了十五萬，正當準備抄錄她的身分證時，卻發現老太太住在士林。我隨口問：「阿嬤，妳怎麼從士林跑到這裡來當呢？」陳老太太神色不安地說：「沒有啦，計程車司機介紹的。」我探頭往外看，門口站著鬼鬼祟祟的三個人；男人應是阿嬤口中的計程車司機；一位是短髮女子，另一個女子則年紀較長，但三人看起來絕非善類。我狐疑地問：「阿嬤，另外兩個女的是妳的家人嗎？」阿嬤急著說：「你趕快把錢給我，不要問這麼多啦！」我更覺不對勁，於是藉口店裡現金不夠，要去銀行領錢，讓阿嬤先坐一會兒。

我才一繞出去，三個人就馬上閃進柱子的陰影處。我愈想愈不對勁，阿嬤看起來十分老實，跟這三個人完全搭不上，但因爲這些年來已經遇過太多的詐騙案例，於是我便自作主張暗中打了電話請長春派出所的所長來一趟，並且記下車牌。十分鐘後，警車甫出現，果然方才門口那三個人隨即就鑽進計程車逃之夭夭。但是沒想到陳老太太一看到那三個人遠走高飛，居然在辦公室裡大哭大鬧，還氣得把我桌上的東西全都打翻，怎麼安撫也沒用，讓我始料未及，最後只好請員警帶她到警局。

不多時，陳老太太的家人趕到警局，詢問阿嬤到底發生什麼事，只是阿嬤怎樣都不肯說出原因。好不容易等到她情緒平復，陳老太太的第一句話竟是：「要不是當舖老闆從中作梗，我早發財了。」大家聽得一頭霧水，她連珠炮似地解釋：「你們不知道啦！

短頭髮的女人是傻子，家裡很有錢，年長的是她的阿姨。這次傻子來台北找阿姨玩，身上帶了一百萬現金。因此阿姨在街上遇到我，找我合作一起騙走傻子的錢。我當然說好啊！阿姨要傻子把錢交給我保管，但是傻子卻堅持要確定我比她有錢，才肯把錢給我。我一時找不到圖章領錢，才請司機載我到你的店裡當金子。沒想到當舖老闆自作聰明，把財神搞丟了！」家人聽了啞然失笑，紛紛勸陳老太太別太天真，但是陳老太太依然執迷不悟，深信自己錯失了千載難逢的財路。

一個禮拜後，憑藉著我抄下的車號，三位歹徒落網了。我接獲派出所的通知到場指認，一到現場，發現聚集的受害者竟然超過五十個。奇妙的是，每位受害者對於案發的描述完全不同，有人推說被下了迷藥，有人直言被下蠱，甚至有人指證歷歷，說只被歹徒拍了拍肩膀，立即神智恍惚，乖乖找提款機領錢，在一旁的我聽了嘖嘖稱奇。

當員警詢問司機時，只見司機搔搔頭說：「哪有這麼厲害？我們三個只是合作演戲而已，我當車手，一個女生裝笨，另一個負責拐人，這樣而已。我們只跟這些人說用小錢能換大錢，再讓傻子露出裝滿鈔票的袋子，這些人就上鉤了。其實袋子裡都是假鈔啦！底下還有舊報紙咧！猛一看好像很多錢。這些人拿到手之後，還不敢立刻檢查，一定要回家之後才敢把袋子打開來數錢，這才會發現被騙了，我們就是料準這一點。」說穿了，只是簡單的技倆，但只要碰上欲望就會被蒙蔽。

爾後，詐騙的手法也隨著時代演進而不斷改變，而且我也不時聽聞有人上了當，但追根究抵，就跟上面兩個例子一樣，其實所有的騙術都只不過是利用人性的弱點罷了。

就像是陳老太太，我始終忘不了當她指認三位歹徒時，仍堅持這三位和上回不是同一組人，任憑警察怎麼說，她始終大搖其頭。反而不停對我投以怨毒的眼光，從頭到尾都認定是我擋了她的財路。只要貪嗔癡的人性弱點存在一天，相信騙子總能找出生存的空間。

根存 甲 №007085

一張當票的啓發

過去的金光黨出沒於大街小巷詐取錢財，現在的詐騙集團透過網路和電話坑矇拐騙。但不論騙徒的技術如何進步，瞄準人性的貪念始終不變。古語云：「無欲則剛。」只要控制心中妄想不勞而獲的欲望，便不需擔心受騙上當。

贖回

第二十張當票：勞力士一六〇一

大 當 千

台北市當舖業當票　甲 № 007085

本舖每月第二、四星期日公休

憑票取贖　謝絕看貨

◎營業時間：上午九時起　下午十一時止

當入日期	滿當期限	貸金	當物內開	
民國八十七年〇月〇日	八十七年〇月〇日	新臺幣　貳萬元整 利息未扣	舊　勞力士一六〇一型壹只。	林〇〇 先生 小姐 大千當舖

地　址：台北市中山區〇〇路〇〇〇號

電　話：1　2　3　4　5　6　7

大家都知道，當舖是以物換錢的地方，不管個人觀感如何，也都能認同這件事。但就我在這行那麼久的時間裡卻發現，很多時候在當舖反而可以見識到「情感」的脈動。不管是男女情愛、同事情誼，甚至連血緣的親情都有，有的能夠化解、有的卻變成是危機，但是事情最後會怎麼落幕，就端看每位客人自己的造化了。

某日，一位林小姐帶著勞力士（一種瑞士名牌手錶）一六〇一型的手錶上門典當，我看錶況不錯，但卻是一款男錶，跟林小姐的外型實在搭不上，而且我看她相貌老實也不像是偷竊而來，於是開口問她：「妳怎麼會來當男人的錶？」林小姐說：「這支錶是我爸爸的，因爲他工作比較忙，所以叫我來處理。」我自恃看人挺準，林小姐的模樣並不像是個騙子，因此判斷這是一筆再尋常不過的典當交易，所以馬上開了張當票，連同貸金兩萬一起交給她。

三天後，附近分局的員警在我店裡蹲點，他們通常也會順便翻閱典當登記簿，看看有沒有失竊物流入當舖。剛好其中一位員警在登記簿上看到這支三天前收的勞力士錶，因爲名錶是贓物的大宗，又有錶號好追蹤，所以便隨手就打了電話向組裡回報這支錶，請同仁查核是否有民眾申報遺失。

「中獎啦！」他突然大喊。其他員警嚇了一跳，只見他興奮地說：「前幾天民眾到北投某分局報失這支錶啊！」我心想：「不會吧！林小姐會是小偷？」警察按照「質當物登記簿」上林小姐的戶籍地址循線逮人，卻怎麼都找不到她。

沒多久，接到通知的失主領著市議員氣沖沖地跑來，自稱王董，他一進門不分青紅皂白就立刻破口大罵，直指我的當鋪是跟小偷沆瀣一氣的銷贓窟。員警在一旁悄聲告訴我，王董是北投區的一方之霸，名下有許多溫泉旅館，平常在地方上橫行霸道，警察看到他都要禮讓三分。

只見王董愈罵愈難聽，而旁邊的警察遇上市議員氣勢都矮了一截，沒人出來主持正義，附近看熱鬧的鄰居更把店門擠得水洩不通，我完全只有被霸凌的分。

話語裡，王董監持不付一毛錢，要直接把錶帶走。我說：「不可能，警方只是暫時找不到林小姐，等找到她之後，我拿回兩萬元，手錶就能還給你。」我的話讓王董暴跳如雷，在旁的員警趕忙打圓場，告訴我王董好歹是北投的地主，乾脆少算一點錢給他，讓大家好做人。

但事情沒有那麼簡單，我並非不明理之人，每件事情都有來龍去脈，總得問清緣由。但王董的囂張蠻橫，實在讓我看不過去，脾氣也跟著上來了，於是我冷冷地說：「這可不行，當初當兩萬，就該拿兩萬來贖，多一塊我不要，少一塊也不行。」王董見我堅持不讓步，撂下狠話要告典當人竊盜和告我收受贓物。我見過的流氓黑道可多了，不受他的恐嚇，依然堅持立場。

沒想到這一鬧，雙方竟然就僵持到半夜，王董見我始終不肯妥協，最後揚言要我等著接到法院傳票，氣呼呼地邁出大門。他前腳才踏出，我轉身就思考，那位林小姐真的不像壞人，事情應該不單純，可是任憑我想破頭，怎麼也推敲不出其中原委。

但有時候命運的安排就是這麼奇妙，想不到幾天後，林小姐竟然上門來贖錶了。全世界都在找她，她卻一副沒事人的樣子。我心想，這支勞力士來路不明，可是我不能聲張；如果林小姐知道我發現錶是偷來的，她情急之下逃跑了，我可能要負責；可是如果我暗中打電話報警，林小姐一定認為我是抓耙仔，因此要不要報警成了我兩難的抉擇。

但是我愈看林小姐，愈覺得她不像小偷，人的氣質是騙不了人的，於是我決定賭一把請她到辦公室詳談。一坐下來，我便開門見山問道：「林小姐，這支錶怎麼來的？」她一愣，回答：「是我爸爸的。」我說：「還說是妳爸爸的，這支錶是別人掉的。現在警察都已經找上門，事情很麻煩，妳還是跟我去警察局說清楚。」她堅持說：「我不能去警察局。」我說：「那麼，妳得先老實告訴我，這支錶到底是誰的？」林小姐依舊咬定那是她爸爸的。經過我窮追猛打，林小姐才終於說出事實眞相。

原來林小姐的爸爸生性風流，共娶過三個老婆，而林小姐的母親正是第一任太太。雖然父親對前妻態度冷淡，但因爲林小姐是唯一的掌上明珠，所以自小就受盡寵愛。最近母親生病了，林小姐跟爸爸拿醫藥費，怎知她爸爸認爲這是好賭的前妻討錢的藉口，堅持不給。於是趁著隔天爸爸起床梳洗，便順手把他留在洗手台的手錶拿過來典當，算是幫媽媽籌措醫藥費，也算是對父親的怨懟。

雖然林小姐的故事聽起來眞實，但其中還是有一個大疑問，就是她姓「林」，但王董卻是姓「王」啊，這可不對。因此，我狐疑地問她：「難道妳爸爸是北投的王某某？」林小姐點頭說：「沒錯，就是他。」再次追問才發現，原來是林小姐父母離婚後，她改姓了母姓，這下我終於恍然大悟：「既然是一家人，事情就好辦了，可是妳爲什麼不去警察局呢？」林小姐直搖頭：「我爸爸是個愛面子的人，如果鬧到警察局，他會覺得臉上無光，一定會發脾氣罵人。」

我也領教過王董火爆的脾氣，於是想了個折衷的辦法：「這樣吧，我請警官來一趟，看能不能在店裡做筆錄。」不一會兒工夫，好幾輛閃著警示燈的警車就把當舖團團圍住，幾名員警荷槍實彈衝進店裡，他們以爲即將面對的是凶神惡煞的暴徒，一看是個弱女子，大家都笑了。帶隊的警察問明原委後，最後還是將我們帶至警察局，並通知王董嫌犯已落網，要他到局裡一趟。

不多時，王董氣急敗壞地衝進警局，身旁還帶著兩個市議員，嘴裡不停罵罵咧咧：「我倒要看看哪個不怕死的豬八戒敢偷我的錶……」話還沒說完，定睛一看，沒想到站在眼前的居然是自己的女兒，王董頓時嘴巴閉了又張，顯得手足無措，方才劍拔弩張的尖刺掉了一地。他趕緊湊到女兒身旁好聲好氣地問：「爲什麼要拿我的錶？如果要錢的話，跟我說就好啦！」此話一出不得了，林小姐更是怒眼圓睜：「因爲你不給媽媽錢！」跟著就開始哭訴王董年輕時如何不負責任、怎麼拋家棄子，過去種種荒唐不堪的往事一件件攤開，只見王董臉上一陣紅一陣白，現場的警察個個面面相覷。沒想到這輩子把面子擺在第一的他，竟然會栽在自己女兒手上。

雖然誤會順利解開，但是銷案的程序可不簡單。竊盜罪和收贓罪都是公訴罪，沒辦法撤銷。不過，照理講父女之間不形成竊盜罪，還是有機會撤告，但收贓罪可沒那麼簡單。這時，分局長撂了句公道話：「那秦先生的贓物罪怎麼辦？如果不撤告，秦先生可以告你誣告罪啊！」這會兒情勢大逆轉，變成王董有求於我了。

我好整以暇地說：「王董，那天你大吵大鬧，差點把我店給燒了，看熱鬧的左鄰右舍圍了三層，就算我跟別人說單純誤會一場，也沒有人會信啊！這下子我的面子該往哪兒擺？」王董聽了急忙說：「秦先生，不然這樣，我擺兩桌請左右鄰居一起來吃，算是向你陪罪。反正這件事情一定要搞定，千萬不能上報，不然我可難看了。」我想該讓彼此有個台階下，便說：「王董，你說了算。」之後我們幾個一起到檢察官處說明，才終於結束了這場「家庭糾紛」。

回頭來看，其實這整件事根本是再簡單不過的家庭問題，但就因爲一個環節錯了，被火爆脾氣誤了事，才導致後來衍伸出來的麻煩事。若當初王董在聽到警察通知手錶找到後，只要先詢問一句：「典當人是誰？」，其實就能免掉後續的一堆風波。

人常常在情緒不穩定或是資訊不足時，會誤下判斷而把話說死，卻沒想到最後也等於是斷了自己的後路。尤其在面臨危難的時候，更應該提醒自己冷靜面對才行。

根存　甲　№ 007085

一張當票的啓發

爲他人留一點情面，其實也是留給自己的，人生的事峰迴路轉，誰也說不準，但話不說死、事不可做絕，才能留下轉圜餘地。尤其是面對任何事情，絕不能妄下斷語，否則事後補救的工夫，可能要費上數倍的時間與精力，甚至賠上無法彌補的慘痛代價。

贖回

第三章

九張經營體悟的當票

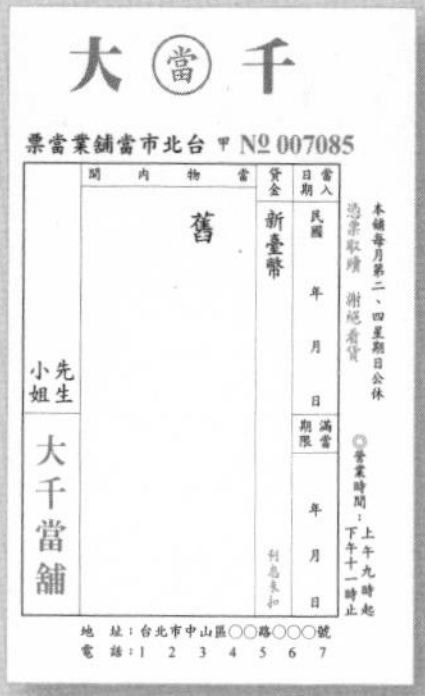

第二十一張當票：七個巧合

大 當 千

台北市當鋪業當票 甲 No 007085

本舖每月第二、四星期日公休

憑票取贖 謝絕看貨

◎營業時間：上午九時起 下午十一時止

當入日期	貸金	當物內開	
民國九十年○月○日	新臺幣壹萬元整	舊金手鐲壹只。	李○○先生、陳○○小姐
滿當期限	利息未扣		大千當鋪
九十年○月○日			

地址：台北市中山區○○路○○○號

電話：1 2 3 4 5 6 7

人生運勢的起伏很難說得準，好運來臨時，城牆都擋不住；若是厄運上身，喝涼水都會塞牙。我就曾經因爲七個不可思議的巧合，蒙受不白之冤，差點身陷囹圄。

民國八十年，有次南港的台肥四廠辦公室遭小偷，員工保險箱裡的財物不翼而飛。雖然失竊的東西很多，但是裡頭値錢的並沒有幾樣，其中一只結婚時必備的龍鳳鐲算是稍微有點價値。但這只鐲子款式十分普遍，每家金飾店裡備貨個一、二十只是稀鬆平常之事，要辨認更是難上加難。不過，在自己的管轄範圍發生竊案，駐廠的保安中隊中隊長自然覺得很沒面子，但同時也知道要找回失物的機會實在微乎其微。

只是看似平凡的竊案，卻是啓動一連串巧合齒輪的開關。

第一個巧合出現在近一年後。當時有兩個菜鳥員警剛到台肥四廠報到，中隊長看他們禮拜天放假沒事幹，便吩咐他們到當舖調查這樁懸而未決的竊案。兩個警員初到此地人生地不熟，心想：「這該從何查起？」兩人邊走出廠區邊討論，信步走到公車站時，其中一人看到車來了，便提議說：「乾脆搭這輛，隨便找一站下車再說吧！」他們上車的站牌有十幾路公車會經過，偏偏選了這一路，這是第二個巧合。

兩人晃晃悠悠地坐到松江路口下車，漫無目的地沿著巷道東拐西拐，而全台北有這麼多間當舖，巧的是他們偏偏就走到我的當舖的門口。兩個菜鳥對望一眼，點了點頭，心想：「從這家開始吧。」於是推門進來，亮出證件說要查案，這是第三個巧合。

我很少遇到保安大隊的警員要查贓，待他們說明來意，我立刻說：「龍鳳鐲鐵定找不到啦！同樣款式到處都是，即使找到了，怎麼證明是誰的呢？」兩個警員尷尬地笑說：「我們也曉得是大海撈針。可是既然長官指示了，我們總得交差。」

於是我順手從十幾本登記簿裡抽了一本就交給他們，兩個員警隨便翻了一頁，上面正好登記某年某月收了一只金手鐲，這是第四個巧合。

他們說：「我們想看看這一件。」我一瞧，這只手鐲已經當了近八個月，而且持當人每個月按時繳息，如果是偷來的，早就賣掉脫手了，依照經驗，這只手鐲不可能是贓物。不過我還是從善如流，從庫房裡找出鐲子，兩個菜鳥接過，翻來覆去看不出個端倪。正要請我收起來時，其中一位員警突然發現包裝盒底有一張證明手鐲的銀樓保單，單子背面寫著兩個鉛筆字：「阿美」。員警想起工廠裡好像有一位綽號叫阿美的職員，於是立刻打電話詢問中隊長。沒想到中隊長興奮地說：「沒錯！當初有好幾個同事合買龍鳳鐲，她們怕搞混，所以每張保單上都寫了名字，其中一位正是阿美！你們立大功了啊！」

沒多久，阿美就前來店裡認手鐲，並親口證實這只手鐲是她掉的。兩位負責偵辦的員警強壓興奮的心情對我說：「秦先生，請你跟我們隊裡走一趟。」當時我的心裡無法置信的感受大於驚訝，畢竟隨手抽本登記簿，裡面的品項竟有金手鐲；而這只金手鐲的保單還寫了「阿美」，兩個巧合撞在一起的機率根本是零啊！但是事情發生在我眼前，我只能無奈地配合偵辦。

第六個巧合則是，等我跟著警員到了保安大隊，連繫了龍鳳鐲的持當人李先生前來問話後，結果李先生一出現，我心裡立刻開始打鼓，因爲眼前這位李先生和近半年來每月繳利息的人竟然不是同一個。可是寫當票時我明明看過李先生的身分證，難道是我一時粗心看錯了？雪上加霜的是，李先生堅持沒來當鐲子，我問他：「如果沒來，怎麼會登記你的身分證呢？」他說：「我的身分證掉了，一定是被冒用。」我心想慘了，東西不但是偷來的，來當的人也不是本人，這下子我可要吃上官司。

接著，案子送到地方法院，我和李先生出庭應訊。開庭時檢察官問李先生：「你怎麼證明身分證掉了？」李先生聲稱沒報案，也沒辦理遺失。檢察官追問：「既然沒報案，你怎麼證明沒去過當鋪？」李先生拿出一張從台北到高雄的台鐵乘車證明，上頭的日期正是金手鐲的典當日，表示當天他根本不在台北。

這下檢察官更直接把矛頭轉向我，嚴厲地對我說：「李先生已經證明了沒到過你的當鋪，你一定是把當鋪當成銷贓管道的奸商。如果你拿不出反證，我一定嚴辦！」我聽了百口莫辯，明明是一件簡單的典當，怎麼會扯出這麼多衰事呢？

出了法庭之後，我心想李先生一定有所隱瞞，但若跟他大聲爭吵，事情不會有轉圜的餘地。於是我不動聲色地問：「李先生。我跟你無冤無仇，爲什麼你不承認來當過東西，要讓我背黑鍋呢？」而李先生也因爲離開法庭後，心防大開，竟然誠實地回答：「我當然不能承認啊！因爲我也不知道手鐲怎麼來的。之前我去三重的地下賭場賭錢，對方輸了卻沒帶現金，情急下拿出這副手鐲抵債。可是他欠得沒那麼多，所以我陪他去了你的當舖，用我的名字典當，付完賭金後，他把剩下的錢帶走了。」

聽他這麼說，我才想起當初的確是李先生和另一位仁兄一起來當，也就是日後每個月來繳息的那一位，因爲日子一久，我自然忘了李先生，一切眞相大白。接著，我再問李先生：「既然你來過我的店裡，怎麼還會有乘車證明？」

「你說巧不巧？我在同事申報交通費的申請書上看到這一張證明，日期剛好對得上，就順手收了起來。」這是第七個巧合。

「那麼賭輸錢的，是不是每個月來繳息的那一位？」

「對，我只知道他姓陳，其他一概不知。當完手鐲以後，我們就分道揚鑣，再也沒見過面。」

「既然事實如此，你可不可以幫個忙，跟檢察官承認你來當過東西，還我個清白。」這句話讓李先生搖頭搖得跟撥浪鼓一樣：「那可不行，我堂堂一個保險公司的主管，萬一手鐲是陳先生偷的，我承認的話可是要負刑責的，到時候工作丟了怎麼辦？」

我一聽就急了：「如果你不承認的話，我會被判刑啊！」李先生聳聳肩說：「那只能算你倒霉。」說完便揚長而去，留我一人站在原地氣得說不出話來。

回家後，我憂慮得整整兩天沒法睡覺，心想諸多巧合怎麼都落在我身上，這下子眞的要去坐牢嗎？雪上加霜的是，報紙媒體提前揭露消息，什麼「兩員警初出茅廬戳穿黑心當舖」之類的斗大標題天天在我眼前打轉。這十幾年打下來的事業基礎，難道要毀於一個冤案？

第三天天快亮時，我還在床上輾轉反側，突然靈光乍現：當初陳先生繳息時曾留了一支電話號碼，囑咐我如果鐲子要流當了，一定要通知他。我趕緊翻出當票的存根聯，背面果然記了一支桃園電話，便立即打了電話過去。電話那一頭告訴我，陳先生因爲賭博罪被通緝，現在已經被抓進龜山監獄了。

於是當周週日，我立刻搭車去龜山監獄申請面會，當我再見到陳先生，我也確信了他正是每月繳息的那一位。我說明了事情的前因後果，問他手鐲到底是哪裡來的？他搔搔頭說：「其實這只手鐲也是我從牌桌上贏來的，至於從誰手上贏過來，我早就忘記了，畢竟賭場裡誰也不認識誰。」我改問他：「你可不可以出庭作證，證明你和李先生確實來當了手鐲？」陳先生爽快地說：「那有什麼問題？當然可以啊！乘出庭的機會我也可以出去透透氣。」這樁冤案露出一絲曙光，幾天以來心裡的陰霾終於吹散。

後來，本案在士林地方法院開偵查庭，我事先跟檢察官聲明，有位陳先生可以替我作證，請檢察官借提。結果陳先生的現身讓李先生嚇傻了，聽完陳先生的證詞。李先生只好承認當天確實到我了店裡，之前的乘車證明和證詞全是捏造，案情才水落石出。

檢察官跟我說聲不好意思，並表示打算以僞證罪起訴李先生，我說：「若是李先生一開始坦承他當過手鐲，只要清楚交代來源，說不定能無罪開釋。只因他害怕丟了工作，所以把事情推給我。能還我清白已經要謝天謝地，整件事算我運氣不好，就放李先生一馬吧。」

事後檢察官告訴我，如果我沒找到陳先生的話，他一定會以收受贓物的罪名辦我，因爲按照常理推斷，怎麼可能一連串巧合銜接得恰到好處？肯定是蓄意安排。但是，有正當工作的李先生爲了自保甘做僞證，因賭博入獄的陳先生卻願意出面說出眞相，這樣的人性細微轉變，更是我始料未及之事。

經過這次的驚魂事件，我在店裡便立下了新的規矩：凡是來典當的客人，一定得留下聯絡電話，做爲日後查核的證明。同時，我也更深刻體會到是當舖業在社會上是沒有形象的，一旦出事情，社會大眾、媒體和法庭立刻以有色眼光看待，也讓我日後更加小心謹愼去經營這門生意。

或許當舖有先天的原罪在身，但放諸到每個人的身上其實也通用，一個人的形象與給人的信任感，都跟公司行號一樣需要用心去維護的，因為公司倒了可以再起、錢財沒了可以再賺，但只有個人的形象一旦傾毀，要再造就不易。世界上也會有許多類似我身上的例子巧合會發生，這時候，你的「品牌」便可以成為你唯一的屏障，讓你有更多的機會。

根存 甲 № 007085

一張當票的啓發

世間事無奇不有，再離奇的怪事都有可能發生。除了事事要保持謹慎，降低出錯的機率之外，個人和企業的形象更是事關重大。要是平日不用心經營，困境來臨時，輿論的壓力往往會未審先判，造成額外的壓力。而不論面對任何問題，都要冷靜思考對策，在諸多不可能中找出反擊的機會，心中保持如如不動，才能以不變應萬變。

第二十二張當票：鑑人重於鑑物，「人」才是重點

大 當 千

台北市當舖業當票 甲 No 007085

本舖每月第二、四星期日公休

憑票取贖 謝絕看貨

◎營業時間：上午九時起 下午十一時止

當入日期	貸金	當物內開	
民國八十五年○月○日	新臺幣 零元整	舊賓士車壹輛，因故拒當。	林○○ 先生 小姐
滿當期限			
八十五年○月○日	利息未扣		大千當舖

地 址：台北市中山區○○路○○○號

電 話：1 2 3 4 5 6 7

當舖每天開門做生意，十個上門的客人當中騙子和流氓可能就有兩、三個，而詐騙手法花招百出，不論當的是珠寶、手錶還是汽車，都有作假的空間，稍有不愼，辛苦賺來的血汗錢便會立刻付諸東流。因此要如何避免上當，就成了必修的重要課題。

首要當然是專業的累積，即使在二十年前那樣資訊不甚發達的年代，我還是會設法去找不同的管道好充實各方面的知識。以手錶來說，不但要對每年發表的錶款如數家珍，就連各家錶廠的歷史沿革、機芯細部零件功能都要一清二楚，甚至要做到聽音（錶弦聲）立斷。假如今天要是客人剛好開輛車來變現，車子就佇在店門口，就得在有限的時間內，從生產年分、外觀、引擎聲、內裝配件等，判斷這車子有多少價值。因爲可不是所有客人都有耐心等你去請人來鑑識，而且這更關係到一家當舖的專業。

有形商品皆可以透過各種方式檢驗眞僞，尤其現在技術愈來愈發達，仿冒品也愈弄愈眞，常常會讓人搞不清楚是眞是假。但幾十年的經驗告訴了我，只有一件事是不會變的，就是每件物品的最終的識別關鍵還是在「人」身上。

大概在民國八十六年時，某天有位口嚼檳榔、儀態粗俗的客人上門來當一輛賓士320SEL轎車，說是他剛跟他人買來的。在那個時候，這輛暱稱是「大牛」的車，開在路上的吸睛率可說是百分之百，是威風不已的高級車呀。

我和夥計打開車門驗車，乖乖不得了！光是加裝的汽車音響就超過五十萬，再看看內裝的眞皮椅套和新的輪框，可以斷定車主十分講究，這輛車起碼值個四、五百萬。有機會接到大生意，我心裡自然有些飄飄然。但這時一旁的車主卻不時露出慌張和焦急的表情，讓我忍不住犯嘀咕：「奇怪，論儀態和氣質，這傢伙橫看豎看都搭不上這輛車啊。」於是我開始心生懷疑，又再次往車內東瞧西瞧。但無論怎麼看車子都找不出破綻，難道我搞錯了？

到最後，我甚至連音響這種小東西都開始檢查了，沒想到退出來的第一片CD竟是——歌劇。依車主的氣質，聽台語歌曲的機會比較大，怎麼會附庸風雅放個歌劇呢？我試探地問：「先生，你品味不錯喔！喜歡聽歌劇喔？」

不料車主聽到我的話，竟然「唰」地一下臉色發青，連忙搖手說：「不是、不是啦！那張CD是原本的車主送的，我沒有在聽。」

這下我心中的懷疑更深了：「不對啊，按常理說，第一片CD是最常聽的，如果你沒在聽，怎麼會放第一片？」

種種跡象顯示事有蹊翹，可是我仔細查驗車體卻沒找出造假的痕跡。因此我只好再回過頭特別請夥計仔細反覆檢查證明文件，最後終於發現發票是假的，上面的官方印記是僞刻上的！這也表示車子的來源肯定不乾淨。

不過身爲一個商家，即使合理懷疑賣家的貨品有問題，也不能大聲嚷嚷使得客人面子掛不住，而且要是氣氛搞僵了後果可能更不堪設想。因此我不動聲色地跟車主說：「先生，你去找別家當舖吧！這輛車我不能收，因爲發票是假的。」

對方聽了一愣，果然隨即惱羞成怒地問：「不可能啊！你說清楚，發票哪裡有問題？」

我回：「怎麼分辨發票眞假是專業機密，我不能告訴你。但是，我建議你可以去找你的賣家問個清楚，不然你可能也會吃虧。」聽了這番話，車主也知道踢到了軟鐵板，因此只得悻悻然地開車走了，我也就漸漸忘了這件事。

但是隔不到一個月，我在媒體上看到了一個眼熟的身影，仔細一瞧，發現就是那個車主，他被警方以涉嫌多起汽車竊盜與銷贓的罪名給逮捕了。我當下直呼慶幸，要是當初我沒細查，就糊里糊塗地收下車子的話，現在可能連當舖也都要跟著吃上收贓的官司了。

春秋時代的商神陶朱公有云：「行商不興訟」，這與香港富商李嘉誠的「不得罪人」前後輝映。建立商譽不是一朝一夕的工夫，但是卻可能瞬間瓦解。企業形象若出了問題，顧客的信任度也會降低，如果不設法挽回，生意肯定每下愈況。我就曾經因爲誤收贓物，一個禮拜內至地檢署報到四次，到後來檢察官根本直接把我當成專收贓物的黑心店家，見了我就破口大罵，搞得我信心大失，差點放棄了這一行。

而以上面的例子來說，可以發現大多的騙子都會把心力著重在仿冒品上頭，在表面的關鍵上大作文章，甚至仿得比眞貨還眞，但卻往往忽略了相關文件的細節，而過濾騙子的工夫就落在這一個關鍵上。好比舊式的身分證製作的不很精密，如果不小心遺失而落入有心人士的手中，只要改貼上一張大頭照，清白的證件就成了坑矇拐騙的道具。當時有許多同業都是栽在這上頭，爲了落實對身分證件的鑑別，有段時間我也廢寢忘食地鑽研發票和身分證等證件的製作細節。

在這裡也跟各位分享一個小秘密，大家知道舊式身分證其實有一個能夠很輕易就辨認眞假，但也最容易被忽略的地方嗎？過去我曾經補辦過身分證，當時就發現，承辦人員爲了避免搞混相片，因此規定繳出去的大頭照背面都得寫上名字，而這個不起眼小動作卻給了我靈感。這其實就是小偷仿冒證件時最容易被忽略的地方。每回遇到可疑人士上門典當，只要用手電筒往他的身分證相片一照，如果在強力的光束下，相片後面沒透出字跡，十之八九就是假證件。客人的身分有問題，不論再大的生意都不能接。這個絕招，也成爲我日後辨識眞假身分證的利器。

以上說的這些，其實關鍵都不在於查驗證件的能力，而是在鑑定物品時，同時我也會很客觀地分析眼前的「人」。

因爲從業三十多年來，客人上門來典當的物品琳琅滿目，從西服、金子、名牌包到跑車都有，每個時期總會出現不曾接觸過的新商品，因此需要充實的專業知識自然是永無止境，但唯一即使隨著世代變換也無法仿冒的就是「人」。

甚至有時候從進門的人數，也能看出端倪。怎麼說呢？這是因為以前當舖是小偷眼中的銷贓天堂，因此許多偷竊物也容易上門。而以結夥偷竊或搶劫為例，東西到手後歹徒總要設法銷贓，但是如果交給其中一人變賣，分錢時其他同夥不免疑心銷贓者暗中揩油。因此基於分贓透明化的原則，結夥犯案者一定同進同出，不然典當又不是什麼光宗耀祖的事，幹嘛要呼朋引伴呢，不合邏輯嘛！所以我的經驗法則是：如果成群結隊來當一樣東西，要嘛是分贓，要嘛就是假車禍眞勒索，騙子押著車主來當舖換錢，總之，先想辦法報警再說。

平心而論，任何商品都是中性的，沒有好壞之分，但人心卻有善惡之別。要是對的人，即使拿來典當的物品我並不在行，也不用擔心他會騙我。相反來說，如果人是錯的，即使手中握有的是價值連城的國寶，也會成為禍害的開始。不小心翼翼地觀察每個上門的顧客，當舖是開不成的。尤其這些年來，我更是常會覺得，其實當舖收取的物品並不是那些有價的實體商品，而是觸摸不到的人心。

根存 甲 № 007085

一張當票的啓發

人對了，東西不對，還有得救；可是人不對了，即使東西對，一切完蛋。只有人可以支配物品的使用方向，也只有仔細觀察人才能避免上當。不論從事哪個行業或是待人處事，我始終相信鑑人比鑑物重要。

第二十三張當票：含淚的考驗

大 當 千

台北市當舖業當票　甲 № 007085

本舖每月第二、四星期日公休

憑票取贖　謝絕看貨

當入日期	貸金	當物內開	
民國六十六年○月○日	新臺幣捌仟元整	舊金項鍊壹條。	秦嗣林 先生/小姐
滿當期限：六十六年○月○日	利息未扣		大千當舖

◎營業時間：上午九時起 下午十一時止

地　址：台北市中山區○○路○○○號

電　話：1 2 3 4 5 6 7

經營當鋪這麼久，我最常被問的一個問題就是：「你有沒有被騙過？」

其實，我開業的第一筆生意就被騙了。

民國六十六年，我仗著初生之犢不畏虎的勇氣，在中山北路和民族東路的巷子裡開起了當舖。開業初始，連裝潢都很克難，所謂的店面不過是一個木造櫃檯、一方鐵櫃、一支電話而已。而為了節省電費，我還把雙管的日光燈拆下一支，整間屋子更是顯得窮酸黯淡不已。

雖然當時懷抱的創業心情單純且堅定，但卻因為年輕沒有什麼選地點的經驗，因此開業後每天都是門可羅雀、乏人問津。剛開始只有兩種人上門，一是房東，他當然是來確定我有沒有遵守租屋規定，有沒有損壞了他的房子；二是好奇的巡邏警員，畢竟大多數人對於當舖還是抱持著較為負面的觀感，因此總會來瞧瞧我是否安分守己。想像那個畫面，昏暗的燈光加上店裡只有我孤單一個人窩在小桌子前的身影，實在有點淒涼。

終於，在癡癡地守了兩個多月後，我盼到第一個客人。

當時是晚上八點多，我在昏黃的燈光下看書看得正起勁，突然門口走進一位客人，開口說要當一條金項鍊。好不容易有機會開張，我喜出望外，心跳劇烈，小心翼翼地用汗濕的手將項鍊接過來放上秤子，一秤八錢重。依照當時行情換算，約莫是八千元，寫好了當票，我連同現金一起遞給客人，客人收了錢便頭也不回地走了。事後，我興奮地打電話回基隆跟父親報告，父親也爲我喝采，心裡面還充斥著興奮的情緒。

等心情稍微穩定之後，我才又將項鍊拿出來再仔細瞧瞧，但愈看心裡愈感覺不對，忍不住開始懷疑：「該不會是假的吧？」

過去當學徒時，不論什麼貨物上門，周圍總有同伴和朝奉可以請教。可是現在自己當老闆，沒人可以商量，成敗全靠自己。我心裡琢磨該怎麼辦？爲了圖個心安，最後我乾脆把門鎖上，帶著項鍊到銀樓請老師傅幫忙鑑定。

老師傅一接過項鍊，瞅上兩眼，便口中直念著成色不太對。用火一燒，謎底揭曉，只有外層是金子，裡頭卻是灌銅的假貨。沒想到苦盼了兩個多月的第一筆生意竟上當，除了心靈遭受打擊之外，雪上加霜的還有剛開業資本已經不充裕，而這八千元又不是筆小數目，也不能再拆燈管，這下更拮据了。

大家可能不知道，開當舖是一翻兩瞪眼的生意，客人開口就是考試：「你幫我看看東西是眞的還假的？」如果你說是眞的，第二個問題馬上就會來：「那値多少錢？」等到價錢一講出口就要給錢，沒有琢磨推敲的時間，稍一不留神，很容易當散財童子。

回到店裡我痛不欲生，頭幾天食不下嚥，也沒心情看書。父親特別從基隆來安慰我：「與其每天沉浸在懊悔中，不如把這八千元乾脆當作賭錢賭輸了，不要再自責了。」

我心想有道理，事情都已經發生了，難過有何用？當下我便領悟到「學藝不精是最大的危機」這件事。過去我天眞地以爲黃金不就那麼回事？沒想到自己的學問還差得遠。

至此之後，我便決心苦練對金飾的「手感」。接下來，不論客人拿幾件金飾上門，我總會先用手掂掂看，試著估計總重量和每件的重量分別是多少，再放到秤子上比較實際重量。幾年下來，我的手感和秤子秤出來分毫不差，不論是金塊、金飾或是金幣，在手上一摸形狀和重量，我就能判斷黃金的眞假與大約重量。雖然辨識黃金的辦法有刀切、有火燒、有比重法……但隨著科技進步，詐騙的手法也日新月異，最終唯有這些透過經驗累積而成的經驗是無可取代的。

同樣的例子也可以用到鑽石上頭，早年最値錢的東西是黃金，因此上門來典當的物品當中，黃金也占了多數，因此造假的也多。但到了民國八十年代，鑽石興起了，它更高價、更難辨識，因此成了新的仿冒對象。

其實在三十年前我當學徒時，不要說摸到，根本就沒機會看到鑽石。因此在當了老闆後，第一次遇到客人來典當鑽石時，我傻眼了。但因爲有了之前的教訓，這回不敢再貿然隨便開價，因此只好硬著頭皮請客人稍等一下，先把他晾在店內，自己立即騎著摩托車去珠寶店找師傅幫忙鑑定。雖然有點糗，但比起因為專業不足被騙，還是好多了。

不過，珠寶店又不是慈善事業，一次兩次去拜託他們幫忙還行，但次數多了，還得聽幾句冷嘲熱諷，這種屈辱實在不好受。最後只好毛遂自薦去幫一位鑽石商做鑽石的大小分類工作，利用休息時間學著辨識鑽石，就這樣慢慢累積鑒定鑽石的功力。

十幾年前，美國出現一種摩星石，這種矽晶石的硬度、導熱性、折光率都跟鑽石一樣，即使用專業的機器都很難分辨出來，但是價錢卻只有鑽石的十分之一。於是有許多不法之徒便將摩星石偽造成鑽石，在市場上招搖撞騙，許多同業因此受騙，損失慘重。後來，他們特地拿著假鑽來請教我，我只稍定眼一看，就辨變出眞偽了。

同業直呼不可思議，急著問我方法，我只簡單說了一句：「你仔細看，鑽石的風箏面是單折光，而摩星石的風箏面卻是雙折光，有重影現象。」大夥佩服的五體投地。或許鑽石的成分、重量、硬度……這些使用機器可以判斷的元素能仿造，可以輕易就騙得過精密昂貴的機器，但卻逃不過最簡單的肉眼。而這些，都是苦學而來的經驗。

隨著時代愈來愈進步，也有愈來愈多的新科技產生，雖然便利了生活，但卻也養成過度依賴科技的惡習，以為關於自身的專業學習是可以省略的。其實這樣已經是本末倒置，科技應該是建立在自己的專業知識上頭，當作輔助才行。因為永遠會有新的仿冒技術出來，而新的鑑識機器研發永遠只會比騙術落後，這時候要依賴終究是自己的專業了。在各行各業也都是如此，只要有專業，別人就糊弄不了你了。

根存 甲 №007085

一張當票的啓發

人不是神，總會被騙。不過，其實被騙沒關係，重要的是得要學會教訓才行，其中因爲學識不足而被騙更是最可以被避免的，痛定思痛下猛功、學習專業，才是避免危機的不二法門。

不管從事任何工作，增進自我專業永遠都是首要，自身的能力足夠了，不管外面世界如何轉變，都還是可以憑藉一技之長安身立命。

第二十四張當票：誰上當，上誰當！

大 當 千

台北市當舖業當票 甲 № 007085

本舖每月第二、四星期日公休

憑票取贖　謝絕看貨

◎營業時間：上午九時起　下午十一時止

當入日期：民國九十一年○月○日

滿當期限：九十一年○月○日

貸金：新臺幣　貳萬捌仟元整

利息未扣

當物內開：舊　金手鐲壹只。

洪○○　先生 小姐

大千當舖

地　址：台北市中山區○○路○○○號

電　話：1　2　3　4　5　6　7

上當可分爲兩種，一種是被別人騙，第二種則是被自己騙。

前者相信大家都懂，但什麼是被自己騙？這可就讓很多人搞不清楚了。簡單來說，不外乎是因爲自我管理不足，或者是感情用事等導致自己讓自己受騙上當的都算，有時是出於人性的貪婪，有時則是出於莫名的恐懼等等，各有理由。

從事當舖這行，時常都會聽到有人感嘆人生變成灰色，但追根究柢，其實常常都是因爲不認識自己、缺乏自我管理所導致。

我便曾聽過同業一個慘痛的經驗：某日，一位客人帶了三兩重的金手鐲上門典當，驗貨後，老闆估了價值約三萬元，於是將現金連同當票一起交給客人。不料鐲子才剛收進庫房十分鐘，客人就立刻來贖，還問道：「這十分鐘的利息怎麼算？」老闆一琢磨，隨口回答：「算一千元吧！」客人二話不說付了錢，拿著手鐲就出門了。老闆竊喜：「短短十分鐘賺了一千元，這筆生意眞容易。」

隔天，客人又上門了，還是要當同一只手鐲。老闆見狀好奇地問客人：「您怎麼兩天都來呢？」客人回答：「其實我在後面的賭場賭錢，需要帶些賭本，待會兒贏了馬上來贖，萬一輸了，就明天再來拿。」老闆聽了也覺得合理，從善如流，同樣驗了鐲子後交付三萬元。但十分鐘後，又見客人喜孜孜地回來贖鐲子，同樣照付了一千元的利息，看來是贏錢了。老闆心裡更樂：「算起來這兩天只花了二十分鐘，兩千元就輕鬆入袋，這種好生意如果每天能來上一筆豈不美哉?」

到了第三天,客人又來了,但此回卻是一臉的慌張,也沒等老闆寒暄就把那只手鐲往櫃檯上一丟,急忙催促:「快點、快點,賭場要開局了!我要趕緊去發財!錢先給我,當票先擱著,我等一下再來拿!」

爲了留住好客人,老闆趕忙點了三萬現金讓客人帶上賭本出門。只是這一回客人似乎賭運不佳,過了一、兩個小時還不見人影。老闆心裡納悶,低頭看了看手邊的手鐲,這一看不得了——竟然發現這只鐲子是假貨!原本以爲輕鬆賺了兩千元,但沒想到三天結算下來,反而是花了兩萬八買了只假手鐲。

表面上看來,當舖老闆是因爲擔心怠慢了貴客而上當,但實際上卻是因爲貪圖近利,才會讓騙徒有機可趁而讓自己受騙,像這種案例在社會上比比皆是。

又例如,在當舖每天面對形形色色上門的客人,若是恰巧遇到看起來敦厚老實的人,我也會問他:「怎麼會來典當東西?」通常這時客人多半會嘆道:「朋友跟我借了一筆錢,到了還錢的時間他卻籌不出來,我只好自己想辦法。」這其實也是一種缺乏管理自我的例子。

怎麼說呢?當舖是周轉金錢的地方,但上門來的並不是只有賭徒而已,更有的是因爲朋友借貸不還導致資金的欠缺,最後讓自己也跟著陷入困境的人。在社會上打拚,朋友有難自然要相挺，但是提到借錢卻令人左右爲難，借了怕對方不還，不借又傷感情，怎麼辦？這同樣也是一門功課，而這門功課的關鍵往往是自我的管理。

以前，我會依照收入設定每個月可以借出的額度，如果眞的有朋友來借錢，只要在額度之內，我都會抱持著「借了就回不來了」的心態出借，大力相助。但要是超過我設定的額度，一毛我都不借。雖然有人說這樣有點太過無情，但是這個原則卻幫助我解決不少人情上的壓力，甚至是生意上困擾。

早年台灣生活較刻苦，附近派出所的警察朋友看我的生意不錯，手頭緊時就找我借錢救急，剛開始我總是盡量幫忙，可是有一就有二，後來三不五時就會有人登門借款，搞得當舖彷彿成了善堂一樣，讓我不勝其擾。借了怕成無底洞，但不借又不近人情，怕會招致更多紛擾。

我左思右想，最後靈機一動，乾脆來設立一筆有額度限制的「警察專用紓困基金」。一旦遇到手頭不方便的警察朋友前來借款，我便直接請他們在紓困基金登記簿上寫下金額和借還款日期，不論借多久都不收利息，救急嘛！而要是還清了就自己親筆銷帳，手續ＤＩＹ，過程透明公開。

當額度都借出去後，再上門的警察朋友我便分毫不借，我會拿著登記本跟撲空的警察朋友說明：「不是我不借你，而是你們的同仁沒還錢，把我的額度用光了。這樣吧，如果你遇到這位沒還錢的同仁時順便幫我討，討到就算你的。」如此一來，萬一遇上不還錢的，我也不用自己出面，這些人迫於同儕壓力自動開始還錢。紓困基金就這樣順利地運作好幾年，一方面不僅幫我減少了許多不必要的麻煩，一方面也發揮急難救助的功能，一舉數得。

大家都不知道，以爲成立這筆基金的主要目的是要用來規範他人，但其實我是用來管理我自己，避免自己做出超出能力範圍的事情的一個方法。錢財人人都愛，尤其貪念會使人盲目，因此更要認清金錢是殘酷的兵器，運用得當可以攻城掠地，稍有不愼就會傷到自己。

就像是卡奴，他們會背負債務多半是因爲花用超出自己能力範圍的錢，看到喜歡的東西，就毫不猶豫地刷卡買下，卻搞不懂信用卡的錢不是自己的。也許他們心中的算盤是下周預計會收到一筆貨款，這禮拜先花大錢犒賞自己，但卻沒想過萬一下個禮拜沒收到錢怎麼辦呢？只好到處借，借不了就當，惡性循環之下，洞愈來愈大。本來只少一塊磚，後來竟少了一面牆；身上只有一塊錢，卻想十塊錢的事，這都是缺乏自我管理的例子。

常常也有朋友問我哪些投資可以賺大錢？我總是告訴他們，「自己」才是最好的投資標的物。時時充實自己，事事保持冷靜，唯有能夠管理好自我的人，才不會容易受騙上當。自己做莊才能自己玩，才會有贏的勝算。

雖然偽造假貨是一種騙術，但終究是外來的，眞正可怕的是其實自己那顆不受控制的心。

根存 甲 №007085

一張當票的啓發

在這世界上，每個人難免都會遇到有不懷好意的人，對別人刻意的欺騙更是阻止不了，但如果是自身對於事情的偏執，卻是可以透過訓練及求知予以改善的。

上別人的當或許還情有可原，但要是被自己給騙了，就萬萬不值了。

第二十五張當票：打破行規

大 當 千

台北市當舖業當票 甲 № 007085

當物內開	貸金	當入日期
舊 五十分鑽戒壹只。	新臺幣 伍萬元整	民國八十五年○月○日
	利息未扣	滿當期限：八十五年○月○日

吳○○ 先生／小姐

大千當舖

本舖每月第二、四星期日公休

憑票取贖 謝絕看貨

◎營業時間：上午九時起 下午十一時止

地 址：台北市中山區○○路○○○號

電 話：1 2 3 4 5 6 7

每個行業都有世代相傳的行規，老祖宗日積月累的經商智慧，成爲後生晚輩經營的圭臬，當舖業也不例外，各個行規自有道理。

只是隨著社會風氣的改變，我發覺行規並非牢不可破的教條，有些規定還是得變通，三十多年的當舖生涯中，我就顚覆了不少傳統觀念。舉例來說，當舖有個行之有年的行規，就是「封起來的物品不能典當」，爲的是防止有心人士調包。

來由是這樣的，在我當學徒時，有一回客人上門當條金項鍊並要求親手封存，掌櫃驗明項鍊眞僞後，立即開好當票，並將項鍊放入收納商品的牛皮信封，最後再請客人在信封的接縫處簽名確認，完全按照標準作業程序進行。

不過當正要將物品收進庫房時，客人卻突然要求再檢查一次，於是掌櫃只好再將信封交給客人。只見他反覆細端看好一陣子後，才又把信封交回。

三個月後客人來贖回，掌櫃檢驗當票和點收貸金無誤，從庫房中拿出信封交給客人，沒想到客人打開信封一倒，原本的金項鍊竟然變成了一條破狗鍊。客人當場翻臉，大罵我們偷天換日，嚷著要索賠，我們想不透是怎麼回事，只好認賠了事。

沒隔幾天，同樣的事情再次發生。另一位客人也假借要檢查信封的名義，要求再確認一次信封，但是這回我卻發現他的動作有異。仔細一看，發現他懷裡竟藏著同樣款式的牛皮信封，一面裝模作樣地檢查，一面偷偷調包，最後再把假信封遞回給掌櫃。此時，我一個箭步上去，搶過信封一撕，「啪」地一聲，一條狗鍊便落在櫃台上，歹徒眼見東窗事發，便一溜煙地跑了。

原來這個騙子早在事先就先買好了個一模一樣的信封，並預先在接縫處簽上名字，再裝入隔著信封摸起來跟項鍊差不多的狗鍊，到處訛詐當舖。所以後來行規才改成是「物品封了不當」，爲的就是避免有心人士占當舖的便宜。

可是當我自行開業之後，曾發生一件夫妻口角事件，讓我決定把舖裡的規矩改成「物品不封不當」。

民國八十五年，有位吳先生來當了一枚重約五十分的結婚鑽戒，本來說好當三個月，可是時間到了他沒錢贖回，只好繳息辦延期，又過了三個月，他終於才湊足了貸金來贖。夥計確認當票上的編號和存根聯無誤後，便將裝著典當物的牛皮紙袋交給他。

可是，當吳先生戴上戒指後，卻突然臉色一沉說：「這個戒指指圍不對，我根本戴不下，你們趕快把我的戒指拿出來。」我聽了一愣，心想也許是自己搞錯了，說不定當天還有另外一個人來當戒指，夥計不小心拿錯了，於是趕緊檢查登記簿。我們再次核對當票和牛皮紙袋上的存根聯，確認再確認，沒錯啊，當天眞的只收了這一枚五十分重的鑽石戒指，客人怎麼會說不是他的呢？

吳先生看我們慌了手腳，於是扯著嗓子嚷嚷：「我當初的鑽石是很漂亮的，不像這個這麼爛，你們要調包也得講究技術，好歹換個指圍一樣的嘛！」我們一聽趕忙解釋：「我們怎麼可能調包，一定是什麼地方弄錯了！」但是吳先生一口咬定我們做生意不老實，還跑去警察局報案。

不一會兒工夫警察也來了，吳先生一看到有人來助威，更是愈罵愈來勁，一旁看熱鬧的客人也聽得心裡跟著發毛：「原來這間當舖是黑店啊！」開當舖這麼久，我多少也學了點識人的工夫，但我看吳先生的神態舉止也不像佯怒，應該不是上門騙錢的，可是我實在是一點頭緒也沒有。

正當鬧得不可開交的時候，一個女人氣沖沖地跑進來，指著吳先生就破口大罵，進門的是吳太太。原來自從吳太太知道老公當了結婚戒指之後，就每天跟他吵架要他來贖回，可是吳先生老是推託說沒錢，太太罵了半年，他還是無動於衷。最後，吳太太終於忍不住，索性給他一筆錢來贖當。只是吳先生出門老半天還不見人影，因此吳太太以爲他又趁機拿錢去賭博，於是跑來店裡一探究竟。

此時只見吳先生大聲辯白說：「我沒去賭博，我眞的是來贖戒指，可是這間當舖是黑店，給我的戒指不對！」吳太太湊過來瞧了瞧，拔下自己手上的結婚戒指比對，生氣地說：「什麼不對，就是這一個啊！」先生一聽漲紅了臉說：「怎麼可能是這個，我戴不下啊！」太太一揚手，往先生的後腦敲了個脆響，喝道：「你半年來胖了五公斤，戴得下才有鬼！」眞相大白，於是吳先生只好訕訕地抓了抓頭，四處鞠躬道歉，總算結束這齣鬧劇。

眞相雖然水落石出，可是場面實在難看，要是同樣的事情再發生，不知情的鄰居還眞的以爲我做生意眞的不老實，得想個釜底抽薪的方法才行。苦思整晚，待第二天一早我就跑去迪化街買了一般商店封裝食品的封膜機和夾鍊袋，改用透明的塑膠夾鍊袋與熱融的封裝方式，並且立下新規矩——任何典當物一定要客戶簽名封好，不封不當。

好處是，裡面的物品一清二楚，而且不論從哪個角度撕破塑膠袋，都無法回復原狀，因此不會被客人質疑當舖調包。而且在封裝之前會先請客人確認無誤後在塑膠袋上簽名，並規定只准看一次貨，但是絕不能拆封。這樣即使是張三的東西讓李四來贖，萬一李四對東西有疑慮，在一看到塑膠袋上張三的簽名也就沒話說。

而且商品密封後，也不易產生氧化的問題，更是讓客人十分放心。這項措施已經實施了十五年，廣受顧客好評，同樣的糾紛再也沒發生。一樁夫妻吵架的交易，竟然讓我醞釀出顚覆傳統的新規矩，這是始料未及的。

不單是行規不同，就連當票也更著時代不斷在演進。在我還是學徒時，紙本當票幾乎就跟獎狀一樣大，拿在手上還挺丟人的，所以有些顧客把當票摺成一個小方勝，塞在鞋底避免被人瞧見。後來電腦和印表機問世，我開始使用列印當票，但噴墨印表機印小張的文件容易卡紙，最後只好印成大張的規格。但折了半天還是很厚，收藏不易，客人抱怨連連。

後來我仔細想了想，現代人重視身分地位，不希望被發現手上有當票，同時我也發現了一般人皮夾裡常放著一堆的信用卡和會員卡，如果當票可以收進皮夾，豈不是解決所有問題？

於是我便推出新規格的卡式當票，大小跟飯店的門卡相同，外型時尚，上頭印有條碼和典當物的內容，只要用條碼機一掃描，所有的資料立刻呈現在電腦螢幕上。贖當後用打洞機在條碼上打個洞，當票就算作廢了。卡式當票是我們獨步全國的設計，收納方便，不仔細看根本看不出是當票，推出後也同樣獲得顧客一致的讚賞。

當舖是一門歷史悠久的行業，但是規矩是死的，人是活的，從事任何行業都一定要有新的思維，過去的規矩若是不合時宜，千萬不能死抱著傳統不放，必要時完全顛覆都可以。尤其是現在科技演變如此迅速，更應該保持警覺心，隨著時代遷移，才不會被淘汰。

根存 甲 No 007085

一張當票的啟發

任何規矩都可能被淘汰，唯有打破迷思，不墨守成規，才能跟得上時代。但是殷實、誠信、以人爲本的中心思想，是永遠不會改變的準則。做任何變革之前，可能會有許多雜音，只要不違背以上的原則，堅定意志執行到底，一定能夠突破困境。

贖回

第二十六張當票：彩色鍋賣出好創意

大 當 千

台北市當舖業當票 甲 № 007085

當入日期	貸金	當物內開	
民國七十五年○月○日	新臺幣 貳拾萬元整	舊 彩色鍋、響壺壹貨櫃。	楊○○ 先生 小姐
滿當期限 七十五年○月○日	利息未扣		大千當舖

本舖每月第二、四星期日公休

憑票取贖 謝絕看貨

◎營業時間：上午九時起 下午十一時止

地　址：台北市中山區○○路○○○號

電　話：1 2 3 4 5 6 7

民國七十五年時，彩色鍋曾在台灣掀起一陣風潮。當時用色大膽、設計活潑的彩色鍋打破了傳統鍋子一成不變的烏漆抹黑，將鮮豔的色彩吹進廚房，在主婦間蔚成一股搶購。

某天，一位經營出口貿易的楊老闆來找我，剛好就有一貨櫃的彩色鍋要典當。他說原本這些鍋子早就應該外銷到美國，可是卻被採購人員惡意刁難，藉故退貨。因此他不但這廂收不到貨款，那廂還要付錢給其他廠商，被逼得快跳票了，只好來找我幫忙周轉。

這一貨櫃裡總共有五種不同尺寸的鍋子，外加一款水燒開了就會發出汽笛聲的響壺。雖然鍋子進當舖聞所未聞，但是因爲楊老闆是個老實的商人，我還是換了二十萬的現金給他。不過當舖倉庫並沒有那麼足夠的庫存空間可擺放，幸好當舖旁邊剛好有塊空地，我跟地主打個招呼，先將貨櫃借放在空地上，倒也不成問題。

誰知一個月後，楊老闆突然打電話給我：「秦先生，不好意思，因爲資金周轉不靈，公司無法營運，我準備要跑路了。那批鍋子我眞的沒辦法贖回，實在萬分抱歉。」我一聽傻了，心想整貨櫃的鍋子，我用五十年也用不完，而且二十萬的本錢也得想辦法賺回來才行。於是我趕緊問他：「你可不可以告訴我可以拿去哪裡賣？」楊老闆答：「你去後火車站試試看吧。」掛了電話後，我從此再也沒見過楊老闆。

等到滿當日期一到，我立刻跑去後火車站找店家寄賣，談好每家店先放二十個，賣完了再補貨。可是三個月下來，竟連十個都賣不掉，這樣拖下去，不知何年何月才能清空，偏偏此時寄放貨櫃的空地也即將施工，地主通知我要趕快把貨櫃拖走。滯銷和庫存問題讓我一籌莫展，難道二十萬只能血本無歸嗎？

沒隔幾天，我剛好到士林夜市找朋友聊天，經過文林路時，看到路邊有人擺輛攤車賣香腸，四周洶湧的人潮和小販的吆喝聲，讓我想起小時候跟母親在基隆擺地攤的往事，此時突然一個念頭閃過腦海：說不定我可以來夜市擺攤賣彩色鍋！

因此我趕緊上前詢問擺攤的老闆：「老闆，請問你這個位子是怎麼來的？」他說：「跟別人租的，一天三百塊。」我接著問：「可不可以跟你租個幾天，一天算五百塊。」老闆聽了爽快地答應了。

因此第二天，我借了輛小發財貨車，裝滿一車的鍋子，浩浩蕩蕩地開進士林夜市。東西擺放整齊後，我立起價目表，上面標示：「大鍋子一百元，最小的五十元，水壺一個一百元。」新潮的彩色鍋賣得這麼便宜，果然吸引不少群眾，只是逛夜市的人習慣殺價，標價只是參考，一百元的水壺可能一下子賣八十、一下子賣七十，光是跟客人討價還價就讓我忙得團團轉，而拿著擴音器叫賣又耗費體力，這個銷售模式實在沒效率，賣個三年也賣不完，我得再換個方式才行。

因此，當天晚上回到存放貨櫃的空地後，我仔細地清點鍋子和水壺的件數，算出每件平均成本約莫三十元，只要高於這個價錢，肯定能回本。到了第二天我便帶了新的價目表去擺攤：「不論大小，一個五十，兩個一百，不議價。」群眾一看不敢相信，不斷問我：「不管什麼尺寸都賣五十元嗎？」我肯定地說：「沒錯，想買趕快下手！」於是群眾立刻蜂擁而上，生意好到我找錢找到手軟，一不留神連客人給我多少錢都忘了。

雖然銷售速度變快許多，可是我一個人做生意，還是忙得暈頭轉向。當下靈機一動，我又改變銷售方式，改採良心商店模式。我順手拿了兩個紙盒當作零錢箱，要顧客挑好商品之後，投錢和找錢都自理，我樂得輕鬆，還可以看看武俠小說。不料一個小時後，整車的鍋子竟都賣完了。

第三天再出發時，我不只裝滿貨斗，連車頂都捆了一堆鍋子，打算趁勝追擊。沒想到車子還沒停好，遠遠地就看到有人在攤位前排隊了。不出十天，原本讓我頭疼不已的彩色鍋就賣得一個不剩。我不但賺回了本錢，還領悟出原本不曾想過的經商模式：「只要價格便宜、流程簡單，製造出排隊效應，即使群眾沒有需求，也會因爲好奇心起而忍不住購買。」當時如果我坐困愁城，頂多變成一個鍋子大王，可是這次的經驗讓我另闢蹊徑，從傳統的資金周轉，轉型成大宗物品的行銷專家。

十幾年來，我也幫好幾家快要倒閉的工廠處理過多的庫存，舉凡運動器材、電子筆、電動機車、甚至成綑的布匹、高級按摩椅等等，我都能設法在不虧本的情況下迅速銷售完畢。而這些經驗更讓我體會到，許多商人之所以經商失敗，其實是被庫存壓力給壓死的。

就好比玩俄羅斯方塊遊戲時，要在時間壓力下設法消掉一格格的方塊，如果方塊愈疊愈高，一超過畫面就game over，因此我將庫存管裡稱爲「俄羅斯方塊遊戲」。有許多廠商就是因爲對於市場前景過於樂觀，一口氣買進太多庫存，導致到最後經營者不是因爲沒有錢，而是苦於滿屋的庫存無法變現，被資金壓力給拖垮。

就因爲有鑑於這些廠商的慘痛代價，因此我後來也特別注意流當品的銷售。不論多麼昂貴的商品，如果賣了一年還是沒人要，表示價格應該歸零，趁早丟掉認賠，這個準則成了我的流當品管理原則。所以每年年底，我會整理出無緣售出的流當品，舉辦年終大拍賣，這項行之有年的傳統，每次推出都會造成顧客的瘋狂搶購。

拍賣舉辦之前，我先在網路上公布品項，有些特殊的商品動輒便宜幾十萬，讓觀望的群眾充滿驚喜與期待。活動當天的規則是一次只開放十個人進場選購，且每次都限時十分鐘。現場工作人員每隔一分鐘會報時一次，製造倒數計時的緊張氣氛。待時間一到，保全便會立刻將沒有進入結帳區的顧客帶離現場，並將其沒結帳的商品放回貨架，等待下一批顧客選購。

爲什麼要這麼做？這是因爲群眾是盲目的，只要提供驚喜以及緊張的心理壓力，便能讓顧客失去理智，改用感覺來做判斷，就能營造出搶購的場面。雖然每年舉辦拍賣會總以虧錢收場，可是只要能製造搶購與買得開心的氣氛，就算達到了廣告效果。

當然，除了便宜、限時之外，年終大拍賣能夠年年熱銷的關鍵還是在於以誠信爲基礎，這項活動舉辦多年，我敢拍胸脯保證，一個退貨的顧客都沒有。因爲我們拿出品質保證的眞品，每次的活動等於昭告天下我們是來眞的，如果以僞劣假貨濫竽充數，下次活動肯定沒人上門。

不論何種商品，只要一滯銷，就成了動搖經商資本的燙手山芋，得設法銷貨才行。想要快速處理庫存，製造驚喜動搖理智就是最簡單的方式，例如將價錢訂得超低，或是簡化購買流程，藉此激發群眾的好奇心，進而引發不買不行的心理印象是不二法則。但不變的是，仍需以誠信爲基礎才行。

根存 甲 №007085

一張當票的啟發

一貨櫃從未遇過的彩色鍋，讓我走出傳統當舖的經營模式，體會群眾的消費心理，以及庫存管理的關鍵。面對庫存要謹慎保守，面對市場則要出奇制勝，只要把握這兩項原則，再大的難題都能迎刃而解。

流當

第二十七張當票：迷魂美人計

大 當 千

台北市當舖業當票　甲 No 007085

當入日期	滿當期限	貸金	當物內開	
民國九十四年〇月〇日	九十四年〇月〇日	新臺幣 貳仟萬元整 利息未扣	舊 拾餘克拉鑽石貳顆。	陳〇〇 先生/小姐 大千當舖

本舖每月第二、四星期日公休

憑票取贖　謝絕看貨

◎營業時間：上午九時起　下午十一時止

地　址：台北市中山區〇〇路〇〇〇號

電　話：1 2 3 4 5 6 7

其實當舖上門的主要客人當中，還有一種高等的客戶，那就是「珠寶商人」。

爲什麼？照理講珠寶商人應該很有錢才是，事實上是因爲經營珠寶生意通常需要龐大的資金周轉，而要跟銀行調借資金又沒那麼容易的關係。因爲銀行接受的質借物件是以不動產爲主，還得經過層層審核，基本上跟當房子沒兩樣。

反觀向當舖借錢就完全不同了，每間當舖都是老闆一個人說了算，哪怕質借商品千奇百怪，只要入得了老闆的法眼，資金都能借到手。若是讓老闆感動，還有機會無條件借款。因此，有許多珠寶商都喜歡找當舖周轉。

而在我的客人當中，其中有一位是在珠寶界非常活躍的陳小姐，她的客戶多，交際手腕好，算是台北市赫赫有名的珠寶大戶。當然她也會缺錢，常常都是爲了擴大經營規模而上我店裡調借現金。約莫從民國九十四年開始，她質借的商品出現了三到五克拉的大鑽石，每一顆少說市價都是値數百萬。

因此，我特地問她：「妳最近改以鑽石爲主力商品嗎？」她說：「我最近認識一個瑞士的鑽石商，聊過之後，發現彼此有許多合作的機會，因此他先讓我代理一些較小的鑽石，測試市場的反應。沒想到推出後，顧客搶破了頭要買。若不是手上的現金不夠，我眞想多進些貨，好好大賺一筆。」看來她原本已經如日中天的生意即將再創高峰。

又過一陣子，有天她帶了三顆鑽石上門求現，每顆均上看十幾克拉，雖然我在當舖浸淫了三十年，見識過的寶物不知凡幾，但面對這三顆大鑽，仍免不了心跳加速。陳小姐說：「秦大哥，我想調兩千萬。」我先拿儀器驗明眞僞，下了判斷：「這兩顆就起碼能當兩千萬，當兩顆就夠了。」

話說起來很簡單，但是兩千萬可是我當舖生涯三十年來最大筆的單次放款金額啊，想到要出手這麼大的款項，免不了手心發汗。也或許就是因爲沒遇過這麼大的生意，我腦袋裡突然閃過了一個念頭，告訴我應該採取保護措施。

於是我轉頭對她說：「陳小姐，這筆典當金額太大，我建議全程錄音錄影，留下典當記錄，不知道妳有沒有意見？」她不解地問：「爲什麼要這麼做？」我沒法跟她說有部分是出於我的第六感，只好說：「如果可以匯款交易，彼此會有匯款紀錄留存，也就不用費心錄音錄影。但因爲是現金，所以要比較謹愼一點。反正我是眞的要借妳錢，妳也是眞的要當鑽石，這是一筆正常的典當，我更不可能到處宣揚，只是多個手續而已。」

陳小姐考慮了兩秒後，點頭說好。我也開始著手設計流程和細節，準備了會議室、點鈔機、攝影機、腳架等用具，以及當天的報紙，用以證明交易發生的時間不可能超過報紙的日期。典當過程一切順利，最後陳小姐帶著兩千萬的紙鈔離開店裡，我也祝她生意興隆。幾天過去，這件事漸漸從心頭擱下了。

沒想到一個多月之後，外事警察隊的警官竟找上門了。

我常跟警察打交道，但是鮮少接觸外事警察，因爲他們是專門負責與外國人有糾紛的警察。他們直接出示相關證明後便指稱：「上回陳小姐來當的兩顆鑽石，其實是透過不法手段取得，我們要調閱陳小姐的典當紀錄。」

我聽了有點訝異，我跟陳小姐合作這麼久，她是個正經的商人，怎麼會涉入不法活動？不過配合辦案天經地義，我自然從善如流，我詢問他們陳小姐牽涉什麼案件，他們卻守口如瓶。原本來他們還打算查扣鑽石，我建議他們：「別查扣了，鑽石還是留在我的保險櫃裡比較安全。要是你們帶回局裡不小心搞丟了，三輩子的薪水都賠不起啊。」他們一聽有道理，便不再堅持。

第二天一早，我攤開報紙赫然發現新聞頭條出現了陳小姐的消息，內容大意是迷魂珠寶商飛到瑞士，假藉鑽石交易的名義，將當地的鑽石商人騙進飯店房間，設計對方喝下摻有迷藥的飲料，待商人昏迷時，將他帶來的鑽石洗劫一空。而中計的鑽石商不甘損失，跨海飛來台灣報案云云，引爆這起喧騰一時的跨國迷魂大盜案件。

看完新聞，我直覺事有蹊蹺。依我過去參觀鑽石公司的經驗，這些珠寶公司的保全措施滴水不露，而且門禁異常森嚴，若有客戶上門，只會在專門的房間接待。一個老經驗的鑽石商人，怎麼會把價值不斐的鑽石攜出公司跟客戶在飯店碰面呢？可惜我自事件爆發後始終都見不到陳小姐，這個疑點無法求證。

不過當我上了偵查庭時，控方律師卻將矛頭指向了我：「秦先生，你是不是眞的給了陳小姐兩千萬現金？我們要怎麼相信你和她不是共犯？」聽到這句話，我當下的第一個念頭就是，老天保佑，幸好當拍下了典當過程。於是我心平氣和地說：「還好我在典當時有全程錄影，不然還眞的被你給難倒了。」我回店裡拿出DVD，對方的律師看了，發現程序挑不出毛病，就沒有再表示什麼意見。

但之後當我在偵查庭旁聽時，卻發現了另一種詭異的氣氛：不論控方律師的砲火如何猛烈，陳小姐始終沒有任何辯白，局勢一面倒向瑞士人。就算眞的是迷魂打劫，多少會提出有利自己的說詞，怎麼可能任自己挨打？我百思不得其解。

所以當在法庭外遇到陳小姐的妹妹時，我忍不住問她：「爲什麼妳姐姐沒有帶律師？」她回：「其實我姐姐的私人狀況不太好，沒有什麼意願辯駁。」這下我可好奇了：「怎麼可能會沒有意願辯駁？」她說：「外事警察說瑞士警方已經握有實證，我姐姐犯案罪證確鑿。」我勸她：「就算有犯罪的事實，還是要努力試試每個減輕刑罰的可能，有些事證法官可能會有不一樣的看法，不試到最後怎麼會知道呢？」最後我看她似乎欲言又止，可是又沒說明的意願，便沒再多問。

不久後，檢察官來電詢問陳小姐當天典當的一些細節，我重述了一遍當日典當的經過，末了我補充說：「檢察官，我覺得這個案子有幾個不合理的地方；鑽石商怎麼會帶著價值不斐的商品，離開保全完整的辦公室，到不熟悉的飯店跟外人談生意？這不是擺明了給對方可趁之機？而且，不論主從關係也好，商業往來也罷，一對男女竟關著房門在飯店談生意，不是很奇怪嗎？再者，第一次的偵查庭一面倒的情況太明顯了，我想案情不單純，建議您多多留心這件案子。」檢察官聽了，沉吟一會兒說：「你說得有道理，我會特別注意。」

第二次偵查庭開庭時，我依舊到場旁聽。檢察官請瑞士商人描述事情發生經過，當他說到：「陳小姐叫我帶著鑽石去飯店房間赴約，我到了指定的房間後，她起身準備咖啡，沒想到她在我的杯子裡加了安眠藥。我喝完感到昏昏沉沉，馬上不省人事，醒來之後才發現鑽石和陳小姐都消失了。」檢察官冷不防地問：「平常你談生意會約在飯店裡嗎？」此話讓瑞士商人聽了面露難色，支支吾吾答不出話。

檢察官又問陳小姐：「妳怎麼會帶著安眠藥？難道妳有吃安眠藥的習慣嗎？」陳小姐沉默了一陣，突然冒出一句：「那是高血壓的藥，而且不是我的，是這位瑞士商人放在公事包裡的。我知道他有吃藥的習慣，所以只是多加了幾顆在咖啡裡。」

話音一落，庭上討論聲紛起。這下問題更大了，陳小姐爲何知道瑞士商人隨身攜帶高血壓藥？事後我推測，陳小姐和瑞士商人應該有些男女私情，瑞士商人可能想要獻殷勤，因此無視安全的考量，將鑽石帶到陳小姐下榻的飯店。而陳小姐就因為多少知道瑞士商人對她有好感，所以設下圈套。甚至，兩人有可能早已經有相當的私交，否則陳小姐如何知道瑞士商人隨身攜帶藥物呢？

到了庭外，我再次遇到陳小姐的妹妹，跟她說：「事情果然不單純，但是為什麼一開始妳姐姐不說清楚呢？」她嘆口氣說：「唉，正因為如此，姐姐才不願意說出眞相，因為她擔心如果抖出和老外之間的關係，會讓家人和孩子蒙羞。反正她已經有侵占的行為，要是表現得配合一點，說不定檢察官會判得比較輕。」原來事情的眞相是這樣，陳小姐為了顧全家人，不願挑明兩人的私情；而瑞士商人則是為了面子，只好聲稱自己被迷暈了，因而鬧出這麼大的新聞。

後來判決出來，檢察官輕判陳小姐一個短期的徒刑。若是依照一開始認定的迷魂搶劫，至少要判五到七年。可見檢察官也考量到兩個人或有男女朋友之實，雙方多少都有些責任，而陳小姐並非初次見面便心懷不軌，也許是一時財迷心竅。

經過本次的事件，也讓我得出兩個結論，一是再繁瑣的安全機制都得按部就班完成，不能因陋就簡或偷懶馬虎，否則事後的意外可能要花上數倍的時間精力才能彌補。

就像是當初我要是沒拍下與陳小姐的典當過程，當對方律師要求出具典當證據時，就可能會落入百口莫辯的境地，跟著遭殃。

二是不論從事任何工作，隨時都要提防不肖之徒設下投其所好的陷阱。我相信瑞士商人所屬的鑽石公司一定具備萬全的防衛機制，保護員工免於受騙搶劫。但是瑞士商人因爲一己之私，不按規矩辦事，脫離安全的環境，鬧出這場跨海風波。因此，工作時應該捨棄個人好惡，才能將上當的風險降到最低。

以上這兩個結論其實都很簡單，甚至可以說是老生常談，但人往往都是要在教訓中才會體悟到簡單的道理。而許多祖先留下的格言，也都有其道理，犯錯時要學會教訓、安穩時則要謹慎小心，這樣路才可以走得長遠。

根存 甲 №007085

一張當票的啟發

正確的事情就要堅持到底，不管是發生任何事，每個人都應該盡全力捍衛自己的立場。

如果放棄爭取權益的機會，可能引來更嚴重的傷害。正當做生意，盡可能保護自己，才能安全地立足於詭譎多變的商場上。

流當

第二十八張當票：鎮店琉璃刀

大㊣千

台北市當舖業當票 甲 No 007085

鄭○○先生小姐	當物內開	貸金	當入日期
	舊 琉璃刀壹把。	新臺幣 無價	民國八十七年○月○日
大千當舖		利息未扣	滿當期限 八十七年○月○日

憑票取贖　謝絕看貨

本舖每月第二、四星期日公休

◎營業時間：上午九時起 下午十一時止

地　址：台北市中山區○○路○○○號

電　話：1　2　3　4　5　6　7

一早，我頂著昨天應酬宿醉的頭疼穿著鞋子，照常準備要出門上班。正要起身時，太太突然從身旁閃出，並拿著一個陌生的手提袋問道：「你昨晚拿回來的東西要不要帶走？」我納悶地打開袋子，裡面有一只玉鐲、一枚鑽戒以及一把晶瑩剔透的琉璃刀。頓時昨晚的畫面湧現腦海：「原來這是眞的啊。」我喃喃自語。

民國八十七年某日晚上，正當我跟一群朋友在延平北路餐敘，酒酣耳熱之際，腰間的B.B. CALL響了，我跟櫃檯借電話打到訊息中心，原來是一位常來周轉現金的珠寶商鄭先生找我。

一回撥，鄭先生在那頭便急切地問：「秦哥，你在哪裡?我有急事要找你談。」我說：「我在延平北路吃飯。現在已經很晚了，約明天不行嗎？」他堅持今晚一定要碰面，我便給了他地址。

不一會兒的時間，鄭先生果然出現在餐廳，我們隨便在街角的小吃店找了個座位。剛坐下他便拿出三樣東西給我，前兩樣是我放在他店裡寄賣的玉鐲和鑽戒，第三樣則是一柄絨布包裹的琉璃刀。我笑問：「這不是什麼緊急的事情，你明天再給我不是一樣嗎？」

「明天來不及，因爲我明早五點要搭飛機去洛杉磯。」

「洛杉磯?你要去玩嗎？」他苦笑回答：「我要走了。」這輕描淡寫的四個字其實背後的涵義是「我要跑路了」。我驚訝地問：「你的珠寶生意那麼旺，怎麼好端端地要走了？」

一時間，所有的情緒湧上鄭先生心頭，一個大男人突然就在我面前淚如雨下，他坦言道：「秦哥，我被香港的珠寶公司坑了。我做珠寶二十多年，什麼大風大浪沒見過。可是這回他們出了一大批劣質品，讓我虧了一大筆錢，而平常看我不順眼的同行趁機落井下石，把我打趴在地上。原本我想要正面迎戰，可是如果要清償，我這二十幾年的努力將統統化爲烏有，連房子和車子都留不住。我實在不甘心，只好遠走高飛。」

我說：「即使你一走了之，問題還是沒解決，要不要我幫你想想辦法？」

但他抹抹臉說：「我已經考慮很久了，這是最後的決定。」

我見他心意已決，便不再勸他，但有一件事反而讓我感到好奇，於是我開口問他：「既然要跑路了，你可以把値錢的東西一起帶走啊，爲什麼還要還我鑽戒和玉鐲呢？」

「秦哥，我在商場打滾了二十多年，我幫別人賺的錢，或是別人利用我賺的錢數不勝數，這回我被人陷害，跟這些人多少有些關係，因此我帶著他們的東西跑路，我可是問心無愧。但反過來看，是每次我有難，你總是願意幫助我，利息還遠低於其他當鋪，跟其他只想利用我的廠商完全不一樣。秦哥，你眞的夠義氣。老實說，今晚跟你碰面，我多少有些緊張，因爲我不免擔心你跟其他人通風報信，只是我考慮再三，別人的東西可以帶走，但是你的東西我一定要還。」

接著他便拿起布包說：「這把琉璃刀是我心愛的寶物，當初是一個藝術家長輩送給我的，祝福我在商場上無往不利。秦大哥，現在這把刀就交給你了。」

我搖搖手說：「無功不受祿，這把刀我不能收。」但鄭先生依舊堅持：「這把刀需要主人。當初贈刀的長輩說：『商場上想要無往不利，只有靠「誠信」二字，如這刀一樣晶瑩剔透，沒有一絲雜質，絕不能有邪念。』可是我自己做不到。所以我想轉贈給你，因為我覺得你可以做到。」我聽了感慨萬千，一時三刻無法推辭，於是答應道：「好吧，這把刀就算我替你保管。」最後我們互道珍重，看著鄭先生的背影消失在街角，我轉身又回到應酬的場合。

當晚我與朋友一行人嘻嘻哈哈喝到半夜，散攤後搭車回家，一進房間，袋子我隨便往床角一扔便躺了下來，等到眼睛再睜開已經是隔天十點多了。雖然依稀記得跟鄭先生碰過面，但是仍不太敢肯定，因為伴隨酒精的記憶通常不太真實，八成是黃粱一夢。直到我太太遞了袋子給我，我才確定一切屬實。

我拎了袋子一進辦公室，電話便響個不停，一堆人急著問：「秦哥，搞珠寶的鄭先生跑了你知道嗎？現在東區的珠寶界亂翻天了！聽說他帶走了幾千萬的東西，我們放在他那裡的東西一件都不剩！」我聽了這話也只能裝傻，但心裡知道鄭先生人早已經在飛機上了。

其實鄭先生的例子給了我很大的感慨，因爲我看過太多類似的例子，現在檯面上許多遠走他鄉的巨商富賈亦是如此，這些人靠著努力和機運成就霸業，可是人格中深植的貪念始終未曾滿足，小時候貪不到，長大後逮到機會便原形畢露。這些人有個共通的特質都是「很聰明」，但卻往往在利益當前時給蒙蔽，更想要抄捷徑、走小路，終至惹禍上身。

因此，雖然在我的職業生涯中，被騙、被害、被誣告層出不窮，但我卻從來都沒有存過一絲僥倖的心理，反而更加堅持「誠信」的原則，就是這些例子給我的深刻體悟。我就曾有一次因爲自己的大意而收了假錶，但當時我卻是把假錶挑出來戴在自己的手上，想要藉此當作給自己的警惕，而不是想著要用什麼方法趕緊轉賣給其他人。

即使經商是以賺錢爲目的，但在我的心裡「有所爲」跟「有所不爲」還是有明顯的分野，盡想著要占人便宜，豈不與奸商毫無分別。

當年鄭先生要跑路時，不斷抱怨廠商和對手如何對不起他，但是追根究柢，其實路都是被他自己給堵死的。後來我聽說他在洛杉磯重操舊業，做得有聲有色，但是卻再也回不了台灣。衣錦不能還鄉，可是人生的一大遺憾。也許這些富豪在異地能過上豪奢的生活，但是故鄉已成爲遙不可及的夢想，這種千斤重的遺憾，會糾纏著他們的餘生。

現在，這把琉璃刀還擺在銷售部最顯眼的地方，成了大千典精品的鎮店之寶。雖然這輩子我再也沒見過鄭先生，而他留給我的寶物雖然不是什麼價值連城的有價物品，但卻是用錢買也買不到的珍貴啓發。

他讓我知道，最終人做事情還是需要規規矩矩，按部就班也許要走比較長的路，但卻扎實，人常云：「傻人終有傻福」，總會有人知道你是個重人情多於算計的朋友，好事就會跟著降臨。路上難免遇到雷雨交加，但是終會雨過天青。

根存 甲 №007085

一張當票的啓發

一夜致富並不是好事！身爲一個商人，心思需要的是剔透簡單，而最不需要的則是胡思亂想。其實賺錢的速度等同於：透徹地了解自己要的是什麼，以及讓別人了解你想要的是什麼，再按部就班地行動。如此一來，生意自然會蒸蒸日上。

流當

第二十九張當票：染血的當票

大 當 千

票當業舖當市北台 甲 № 007085

鄭○○ 先生 小姐	當物內開	貸金	當入日期
大千當舖	舊 名錶壹支。	新臺幣 貳拾萬元整	民國八十七年○月○日
		利息未扣	滿當期限：八十七年○月○日

憑票取贖 謝絕看貨

本舖每月第二、四星期日公休

◎營業時間：上午九時起 下午十一時止

地　址：台北市中山區○○路○○○號

電　話：1 2 3 4 5 6 7

當舖是給人急用與周轉的地方，理當應該是要很有錢才是，但其實身爲當舖經營者，我本身卻經常是負債大王。

回首過去，從創業開始的三十多年，我籌措資金的腳步從沒停過，講白了就是四處借錢，跟著也體會了無數人情冷暖。而錢，最能讓人感受到人心的變幻。

當年我跟父親表明我要開當舖時，正是家中經濟最困窘的時候，一來我無心向學，二來父親的生意失敗，還剛從猛爆性肝炎的鬼門關前逃回來，咱爺兒倆促膝長談，認定這是彼此生命中的轉捩點。最後千湊萬湊了四十萬的資金開店，其中的十萬元買了一張當舖執照、一支電話（號碼沿用至今，始終未改）以及一個鐵櫃，而店內的櫃檯庫房則是我和父親四處撿木料親手釘出來的，大千當舖便在因陋就簡的情況下成立了。

做生意最怕沒經驗，開業後歷經被騙、搬家等灰頭土臉的狀況，創業的資本額早在半年內就消耗殆盡，只好開始向親戚朋友求援。當時我年紀還小，在親友間不夠分量，借錢常吃閉門羹。所幸父親在鄉里間素以重承諾、講義氣而小負盛名，所以父親常幫我找親朋好友借些五千、一萬的小數目，以解決燃眉之急，其實他的臉皮很薄，但是爲了兒子，什麼都能豁出去。

爾後，雖然生意漸上軌道，但借錢這件事卻始終沒停過。雖然手上的資金愈來愈多，但是因爲生意好，相對的放款的速度快得驚人。正所謂，生意不好會發愁，生意好時有更多煩惱。

經常是開門營業時握有五十萬的資金，但是不到中午錢就放完了。前一個客人剛走，另一個客人便立刻進來當一輛誘人的名車。我明知銀彈不足，但是不甘心到手的生意飛到別人家，又不能在客戶面前打電話借錢，只好藉口要多跑幾家銀行領錢，請顧客在店裡多留一會兒。但往往在走出店門後，心卻慌得連該左轉還是右轉都沒有頭緒，只好找個離店面比較遠的公共電話，打給附近的長輩求援。借錢的次數多了，有情或無義自然碰得多。

有一回客人來當車，手上的資金短了五萬。於是我打電話給長輩張叔叔應急，張叔叔當時在另一個長輩家打麻將，聽完來意他滿口答應，要我直接去他家裡取款。誰知我到了張家，全家人連正眼都不瞧我一眼，我問張嬸嬸：「我剛跟叔叔講好了，來借五萬元。」嬸嬸冷言回道：「有嗎？他沒講這件事。」我一聽心知不妙，但是依然鼓起勇氣問：「嬸嬸，請問方便借我多少呢？」嬸嬸嘴一撇說：「今天家裡沒錢。」我著急了：「可是剛剛跟張叔叔說好了。」嬸嬸沒好氣地回：「你跟誰講好就找誰拿。」說完就轉身不理人。

我走出門口，當下眼淚就撲簌掉了下來，心想：「這下子我該怎麼跟客人交代？我怎麼把自己搞得這麼狼狽？」

我抹抹眼淚，只好硬著頭皮去一趟打麻將的長輩家，張叔叔見了我，一句話都沒說，當下我更明白他的意思，因此便直接向另一位爺爺說：「爺爺，有位客人來當東西，可惜我短了五萬元，可不可以跟您借？」他爽快地說：「沒問題，我叫我老婆領給你。」短短的幾十分鐘，我從地獄爬回天堂，眼淚又不爭氣地掉了下來。

除了這位爺爺，在我剛開業時，還有位爸爸的老朋友從基隆風塵僕僕地搭公車來台北，進了店門跟我爸打了招呼，一坐下來便說：「我聽說你們開始做生意，心想總該幫幫忙。可是我身邊沒錢，這樣吧，這個包裡是以前晚輩滿月、結婚的金戒指、金項鍊什麼的，你們拿去賣了，就當我幫你們。」話才說完，連一杯茶沒喝就走了。像這樣的恩澤，我自然點滴在心頭。

不過，眞要說起我借錢生涯的最大轉捩點，應該就非民國七十九年大同公司的擠兌事件莫屬。

當時許多同鄉的老人家擔心存在大同公司的血汗錢化爲烏有，因此二十幾位長輩漏夜趕到台北，在我這兒打地鋪，以便隔天清晨排隊提款。一夥人合計領了五百多萬，中午回到我的店裡歇歇腿，老人家邊吃飯邊聊天，才發覺事情沒有想像中嚴重。於是有位爺爺說話了：「嗣林，這筆錢我要是帶回家，免不了擔心被偷。這麼辦吧，錢放你這裡，你比照大同公司，每個月給我一分五的利息，你怎麼說？」即使我找熟人借錢，月息都要兩分五，一分五的利息等於是天上掉下來的禮物。我馬上回應：「當然沒問題！」其他老先生聽了，接二連三地說：「那我們也比照辦理好了。」

那一天下來，當舖的現金徒增五百多萬，怎樣也沒想到我竟成了大同公司擠兌的受益者。雖然從那天開始，我的負債破千萬，可是我一點都不擔心，反而藉此資金開始大展拳腳，一掃老當舖高高在上的積習，改走服務第一的親民路線。不知情的旁人看我的生意愈轉愈順，卻不知我的資金全都是借來的。

又一回，客戶來當一隻頂級名錶，開口只要二十萬。我非常心動，可是前一分鐘才把現金借出去，錢櫃裡空空如也。於是我順手打電話向我住在和平東路的哥哥調錢，他說：「我正要出門，你快一點。」我一掛上電話就抓了鑰匙跳上機車。

說起我的機車，車頭上原本裝了一片壓克力風鏡，但隨著我的南征北討，早不知道飛到哪去了，只剩兩隻固定風鏡的生鏽鐵杆，也算是見證了我的借錢史。

當時我求錢心切，油門一催一陣風似地衝了出去，行經新生南路的光華橋時，時速少說有八十，沒想到下橋出口有兩台車撞成一團，等我發現時要閃避已爲時已晚，只能聽天由命急壓煞車。但即使是機車前後輪已經在路面刷出了焦味四溢的煞車痕，終究還是狠狠地撞上肇事車輛，我整個人像砲彈飛人一般彈出，騰空時身體恰巧劃過車頭的鐵杆，只覺胸口到腹部一道熱辣，接著人就像破娃娃一樣摔到地上後滾了幾圈。

我釘在地上躺了幾秒，試著起身，低頭一看，胸口血流如注，我以爲被開腸剖肚，當場差點暈過去。鼓起勇氣撥開衣服檢查傷勢，幸好，傷口不深。接著我趕緊爬到路邊，招了輛計程車上去，司機見我渾身是傷，馬上說：「這裡去仁愛醫院比較快，我載你去。」我回他：「別去醫院，你載我去和平東路。」司機聽了一愣，我催促道：「這件事更重要，快開車！」計程車火速衝到我哥哥家，我請司機在樓下稍等，摀著胸口衝上樓敲門。我哥開門後見我一身血汙，急問：「你跟誰打了一架？」我說：「這件事等一下再講。」我一把抓了錢，又坐上車衝回店裡。

見我進門，客人早已經等得不耐煩了，正要起身罵人，但看到我成了浴血英雄，連忙改口：「老闆，你要不要去看醫生啊？」我把錢塞進他手中說：「你先別管我，馬上要三點半了，要是你的戶頭跳票，事情可麻煩了，快把錢拿走。」客人拿了錢跑出店門，倒把當票給忘了，我走進辦公室，解開衣服檢查傷勢，幸好只是皮外傷，自己拿出急救箱，胡亂包紮了一通。沒幾分鐘，客人「咻」一聲地又闖進店門，抄起櫃檯的當票，看也不看就走了。

不到一個禮拜，客人又來了，我以爲他要贖錶，他卻說：「老闆，你重開一張當票吧！」我問：「好好的當票爲什麼要重開？」他說：「我回家打開一看，上頭全是血跡，實在太恐怖啦！」我低頭一看，上面果然都是我車禍時染的血，我笑說：「當票嘛，又不是給別人看的，你妥善收藏就好，而且當票都有流水號，不能重開。不然我先替你保管吧！」

其實車禍發生時，我腦子裡想到都是不能耽誤店裡的客人，而不是自己的傷。因爲我已經答應了這筆生意，只要是客人上門，不管交易成不成都要先說清楚。之所以這麼重視，就是清楚知道會上當舖的客人多有急用，如果承諾接下生意，卻沒如期給錢，可能害對方多一筆跳票紀錄，這可是影響彼此商譽的大事。所以只要我答應的事情，無論如何都要排除萬難完成。

做生意難免面臨資金問題，只是向銀行借款與向私人借款大不相同，欠銀行的錢只要還完便沒事；而欠私人的錢就算償清了，但是雪中送炭的人情債永遠還不了。只要幫過你一次，哪怕金額是多小，一輩子都要記著別人的恩情。

根存 甲 №007085

一張當票的啓發

其實我在退伍後，曾經猶豫過是否要改行，畢竟我的店面不大，獲利有限，且社會大眾對當舖業始終存有偏見。而且台北市中山區的環境龍蛇混雜，我常常剛招呼完門口的大小角頭，轉身進了辦公室還得陪蹲點的警察泡茶聊天，壓力大到連我太太都一掬同情淚。

退伍時很多朋友找我合夥做生意，不論是開農場、保養廠、養雞場什麼的，看起來每一行都比當舖有前途，我的確動搖了好一陣子，直到某天在書上看到兩句話：「與其在道路上徬徨，不如立下決心，一條路走到底」、「一件錯的事堅持到底，也會變成對的。」我幾經思量，決定一輩子只走當舖這條路。

當我堅定志向、不考慮退路時，自然不會三心二意。日後即使面對再大的困難，我也從不繞路而行。我深信只要把大千當舖做到功德圓滿，冥冥中該給我的，一樣都不會少。

附錄

關於當鋪

一、當鋪簡介

中國的典當業起源甚早，最遲不晚於南北朝時期。早年的當鋪裡，負責鑑定估價的人員稱爲「朝奉」。由於客人典當的物品來自四面八方，好的朝奉必須廣泛地涉獵考古、歷史、珠寶、鐘錶等各方雜學，以及熟知各種江湖騙子作假技巧，才能在極短的時間內正確判斷物品價值。因此，朝奉的眼力是當鋪的成敗關鍵，所以有經驗的朝奉在老闆眼中與上賓無異。

至於「朝奉」名稱由來大致有二，一是「朝奉」是古代中國的官職名稱，專司發放糧食與薪餉。此外，古時候的老百姓常上寺廟借錢紓困，有些廟方爲了滿足其需求，於是設立專門的執事接待民眾，此執事亦稱爲朝奉。而後隨著時間的演變，漸漸成爲當鋪掌櫃的別稱。還有另一說則是因爲過去當鋪的櫃檯較高，借款人需雙手高舉物品，才能將物品交給接待員，動作猶如「上朝奉聖」，故因此得名。

台灣的典當業可追朔至日據時代，民國三十八年政府遷台，隨之遷台的民眾爲了維持生計，多以隨身攜帶的珠寶、金飾向當鋪融資，一時間當鋪業生意興隆，可謂舊時代的ATM。一九五二年，政府鑑於民營當鋪的利息太高，影響借貸者的生計，於是命令各縣市政府成立公營當鋪，以利民眾資金周轉，現今的台北市動產質借處即當年的台北市公營當鋪。

台灣的當鋪爲特許行業，非經申請發給營業許可執照者不得營業。立法院已制定《當鋪業法》，全文三十八條。目前政府依法管理當鋪業者。

二、當票釋義

當票是當鋪交易的收據。早期書寫當票時不是使用一般的字體，而是根據業內人士專用的「當字譜」，譜中的當鋪字書寫起來筆走龍蛇，和草書相似，但是每一筆一畫都是密碼，詳細紀錄物品的外觀、價錢、交易時間，只有當鋪從業人員才能清楚辨識。

爲何當票要用特殊的密碼字記錄？主要是因爲當鋪的行規是認票不認人，即使拿出當票的不是原物主，當鋪依然要讓其贖回。爲了杜絕不法之徒仿冒當票，造成原物主和當鋪的損失，因此當鋪朝奉透過外人難辨的當鋪字，與贖當的客人簡單問答，即可判斷贖當人與原物主的關係，以及當票眞僞，確保彼此權益。時至今日，當票已改成使用楷書紀錄，人人皆可看得懂。

發展至今，隨著科技與時代演變，當票已經沒有固定的樣式，例如大千典精品便是採用卡片式當票。雖然各個當鋪的當票各有差異，但還是有一般常見的樣式，以下簡單說明。

一般當票上可見的欄位有：

❶ 大㊖千

❷ 台北市當舖業當票 甲 №007085

❸ 本舖每月第二、四星期日公休

憑票取贖 謝絕看貨

◎營業時間：上午九時起 下午十一時止

❹ 入當日期 民國 年 月 日

❺ 當滿期限 年 月 日

❻ 貸金 新臺幣 利息未扣

❼ 當物內開 舊

❽ 先生 小姐

大千當舖

地 址：台北市中山區○○路○○○號

電 話：1 2 3 4 5 6 7

❾

根存 甲 №007085

金　貸	期滿	入當	主貸
	年	年	
加　追	月	月	
❿	日	日	
計　合	年次　年　月　日		
⓫	籍貫		
物　當	身分證	市　縣　街　路　區　鎮鄉　段　巷　里　村　弄　號之　鄰	
（　舊　）			

❶**正聯**：由持當人收存，贖當時需出示。如有破損、遺失，需立即向當舖辦理掛失補發手續。

❷**當號**：物品在當舖流水編號。即「典當登記簿」之編號，早年當號編碼多以甲乙丙丁天地玄黃爲首碼。

❸**憑票取贖　謝絕看貨**：只要持有當票，便可贖當。換句話說，只要持有當票，等於擁有物品。因此有些持當人會轉賣當票，新任持有人只要到店舖出示當票，支付貸金

與利息，就可以帶走典當物。不過有些客人買當票之前，免不了擔心商品狀況是否完好，總是希望能先看貨。但是依照傳統的行規，物品出櫃只有兩種可能，一是贖回物品，二是流當拍賣。否則持當人要是一天到晚來看貨，夥計光是搬東西就忙翻天，將會影響正常生意運作；而且頻繁地取出典當物，容易讓物品的品質發生變化。因此當票上才註明「謝絕看貨」。

❹**當入日期**：標注典當日期。

❺**滿當期限**：古時當舖滿當日期為雙方約定，現今法令規定一般以典當日期算起三個月為滿當日，也就是贖當期限，若是物主在滿當日未將物品贖回，便成流當品，物品所有權即歸當舖。

❻**貸金**：物品典當金額。

❼**舊**：記錄物品外觀與件數的欄位。過去的當舖在敘述物品外觀時，會刻意降低物品價值，如鑽石戒指寫成「白石戒」，新衣寫成「油破舊補」，或是註明鼠咬蟲蛀。一方面是壓低價錢，讓當舖有利可圖；二是如果朝奉在收貨時沒看出物品的瑕疵，贖當時必定會跟客人起爭執；三是即使照實描述，萬一保管期間物品不幸毀損，當舖可得負起賠償責任。因此，貶低物品價值隱含降低保管風險的觀念。

❽**姓名**：寫入典當人的姓名。

❾**存根聯**：當舖保管聯，多粘附質當物上，以便倉儲時辨識。

❿**加追**：持當人若想提高典當金額，在雙方協調之後，將增加的貸金記錄於此，亦可先贖。若典當的物件超過一個，持當人可以選擇先贖回部分物件，其他物件繼續留在當舖。

⓫**合計**：記錄最後的總金額。

三、當舖的老行規

因爲當舖是古老的產業之一，自然有許多成文與不文的規定，或許每個經營者理念有些許不同，但基本的概念還是大致相通，約略如下：

①封了不能當

當舖的行規之一，封裝的物品是不能典當的，爲的是防止有心人士在典當過程中藉機將高價物品調包成破銅爛鐵，待贖回時以內容物和當票記載不符，誣陷當舖作假，再向當舖求償。

②價格不一定

物品的價值不但與品質有關，跟市場需求亦息息相關，甚至每天的價格都不一樣。因此贖回物品之後，即使立刻回頭再當，價格很可能低於當初的價錢，這都是司空見慣的事。當舖對質借物一般約是以市價的五折做爲估價基礎。

③繳息不流當

當滿日期爲三個月。若是典當日期已到，物品無人贖回，即成流當品，所有權將歸於當舖。但有些客人在到期時無法繳清貸金與利息，會選擇先繳一個月的利息，延長典當的期限，待資金足夠時，再行贖回。

④贓物不接受

有些坑矇拐騙之徒勾結不肖當舖業者，將當舖作爲銷贓管道，致使典當業者蒙受污名。而誤收贓物也會使當舖業者吃上官司，因此若有來路不明之物，一經業者起疑應立即嚴詞拒收。

⑤流當不討債

即使持當人在期限內無力贖回典當物，當舖亦不可上門討債。因爲一旦當舖將貸金交給持當人之後，表示當舖已認定物件的價值高於所付出的貸金。亦即未來典當物流當，當舖轉賣之後，應依舊有利可圖。萬一賣出的價錢低於貸金，也只能怨自己錯估市場行情，絕無討債之理。

⑥經商不搶客

假設甲當舖知道某客人以低價將物品當給乙當舖，不論價格空間有多大，甲當舖均不可出錢代客戶將質借物轉至自己當舖交易。同行間不惡性競爭，有錢大家賺，這是老祖宗傳下的商德。

⑦不可不應門

俗語說：「一文錢逼死英雄好漢。」當舖是救急又救窮的行業，而會上當舖的人多有燃眉之急。因此即使深夜好夢正酣，只要客人敲門，當舖都得開門迎客，解決對方的燃眉之急。

⑧無理不拒當

只要客人年滿二十歲、典當合法物品、喊價合理，而當舖若無合理的理由，均不可拒絕典當，古時當舖一旦發生「櫃上無錢可借」即如同宣告倒閉。

⑨認票不認人

只要客人持有當票並支付貸金與利息，不論是否為原持當人，當舖都會拿出典當品。不過，若是當票破損以致無法辨識，則當舖可拒絕贖當。

四、當舖與地下錢莊的差異

對大多數人而言，當舖是籠罩著神秘的面紗的行業，甚至有人將當舖與錢莊混為一談，其實兩者之間存在許多差異。

首先，當舖是特許行業，須由政府機關發給營業執照才能經營，地下錢莊既然名爲「地下」，自然沒有營業執照。再者，顧客需要抵押品才能至當舖周轉；而有些地下錢莊無需抵押品，僅憑支票或本票即可借款。

且依法律規定，當舖收取的年利息不能超過百分之三十，而百分之五的管理費（倉棧費）僅能收取一次，不過部分地下錢莊光是月利息便超過了百分之十。需要調頭寸的民眾，最好經過多方比較後，再選定正派經營的業者。千萬別爲了多借一些錢或是貪圖便利而飲鴆止渴。

另外，近年來也出現許多新興當舖，標榜來就借、萬物皆可當、甚至只要確認客人的身分便可借款。雖然同樣領有營業執照，但卻不用抵押物品，一來是因爲朝奉難覓，二來則是社會財富的兩極化，大部分的上門客戶沒有什麼動產可質借的關係。其實這類新興當舖是時代演進下的產物，比較接近融資業，符合現代人講求效率的需求，但是相對於風險而言所要付出的代價也比較大。

而最簡單判斷是否爲傳統經營的當舖，方法就是，觀看店門口或店內是否有陳列流當品的櫥窗。因爲販售逾期未被贖回的流當品，是當舖回收資金的一大方式。

五、當舖業基本觀念

經營當舖三十多年來，見過了許多形形色色的人、奇奇怪怪的事，因此我也把這些年來累積的經驗，彙整成當舖業經營的基本觀念與同事分享，如下：

一、忌急燥：十個騙子九個急　氣定神閒照步行
　　　　　徵信驗證聚凝神　認定你急我不急

二、戒貪心：有利可圖謀生道　橫財趨來是警兆
　　　　　保持冷靜客觀心　守法守分平安到

三、查反常：行爲反常即是妖　言詞閃爍來混淆
　　　　　徵信查詢我做好　呆帳贓物一定少

四、有禮貌：人進當舖三分晦　笑口常開招財瑞
　　　　　噓寒問暖是功德　關心結緣善安慰

五、不興訟：陶朱行賈不興訟　常進衙門心情重
　　　　　客官計較面含笑　少收一分人緣好

六、重安全：夜夜防賊古明訓　交友生活多仔細
　　　　　安全設備常檢查　防火防盜天天要

29張當票：典當不到的人生啟發

作　　者	秦嗣林
文字整理	王上青
責任編輯	蔡錦豐
封面設計	黃暐鵬
總 經 理	陳逸瑛
編輯總監	劉麗真
發 行 人	凃玉雲
法律顧問	台英國際商務法律事務所 羅明通律師
出　　版	麥田出版 地址：台北市中山區民生東路二段141號5樓 電話：(02)2500-7969 傳真：(02)2500-1966
發　　行	英屬蓋曼群島商家庭傳媒股份有限公司城邦分公司 地址：10483台北市中山區民生東路二段141號11樓 網址：http://www.cite.com.tw 客服專線：(02)2500-7718 | 2500-7719 24小時傳眞專線：(02)2500-1990 | 2500-1991 服務時間：週一至週五09:30-12:00 | 13:30-17:00 劃撥帳號：19863813　戶名：書虫股份有限公司 讀者服務信箱：service@readingclub.com.tw
香港發行所	城邦（香港）出版集團有限公司 地址：香港灣仔駱克道193號東超商業中心1樓 電話：+852-2508-6231 傳眞：+852-2578-9337 電郵：hkcite@biznetvigator.com
馬新發行所	城邦（馬新）出版集團【Cite (M) Sdn. Bhd】 地址：41, Jalan Radin Anum, Bandar Baru Sri Petaling, 57000 Kuala Lumpur, Malaysia. 電話：+603-9057-8822 傳眞：+603-9057-6622　E-mail：cite@cite.com.my
麥田部落格	http:// ryefield.pixnet.net/blog
排　　版	浩瀚電腦排版股份有限公司
印　　刷	中原造像股份有限公司
初　　版	2012年1月
初版49刷	2013年4月
售　　價	NT$280　HK$93
I S B N	978-986-173-714-0

國家圖書館出版品預行編目資料

29張當票：典當不到的人生啟發／秦嗣林著. —— 初版.
—— 台北市：麥田出版：家庭傳媒城邦分公司發行，2012.01
面：　公分：

1. 人生哲學　2.通俗作品
ISBN 978-986-173-714-0（平裝）
191.9　　100025478

cite城邦媒體 麥田出版
Rye Field Publications
A division of Cité Publishing Ltd.

廣　告　回　函
北區郵政管理局登記證
台北廣字第000791號
免　貼　郵　票

英屬蓋曼群島商
家庭傳媒股份有限公司城邦分公司
104 台北市民生東路二段141號5樓

▼
請沿虛線折下裝訂，謝謝！

文學・歷史・人文・軍事・生活

Rye Field Publications

編號：RV1021　　書名：29張當票：典當不到的人生啟發

讀者回函卡

cite城邦媒體

謝謝您購買我們出版的書。請將讀者回函卡填好寄回，我們將不定期寄上城邦集團最新的出版資訊。

姓名：________________ 電子信箱：________________

聯絡地址：□□□ ________________

電話：（公）________________ 分機 ____ （宅）________________

身分證字號：________________（此即您的讀者編號）

生日：____年____月____日 性別：□男 □女

職業：□軍警 □公教 □學生 □傳播業 □製造業 □金融業 □資訊業 □銷售業

□其他 ________________

教育程度：□碩士及以上 □大學 □專科 □高中 □國中及以下

購買方式：□書店 □郵購 □其他 ________________

喜歡閱讀的種類：（可複選）

□文學 □商業 □軍事 □歷史 □旅遊 □藝術 □科學 □推理 □傳記

□生活、勵志 □教育、心理 □其他 ________________

您從何處得知本書的消息？（可複選）

□書店 □報章雜誌 □廣播 □電視 □書訊 □親友 □其他 ________________

本書優點：（可複選）

□內容符合期待 □文筆流暢 □具實用性 □版面、圖片、字體安排適當

□其他 ________________

本書缺點：（可複選）

□內容不符合期待 □文筆欠佳 □內容保守 □版面、圖片、字體安排不易閱讀

□價格偏高 □其他 ________________

您對我們的建議：________________

____

____